"十四五"职业教育国家规划教材

汽车发动机结构与拆装

主　编　李　勇
副主编　付　舒　刘慧燕　王　毅
参　编　刘润明
主　审　王福忠

北京理工大学出版社
BEIJING INSTITUTE OF TECHNOLOGY PRESS

版权专有　侵权必究

图书在版编目（CIP）数据

汽车发动机结构与拆装 / 李勇主编 . —北京：北京理工大学出版社，2019.2（2024.1重印）

ISBN 978 – 7 – 5682 – 6575 – 1

Ⅰ . ①汽… Ⅱ . ①李… Ⅲ . ①汽车 – 发动机 – 结构②汽车 – 发动机 – 装配（机械） Ⅳ . ①U464

中国版本图书馆 CIP 数据核字（2018）第 297790 号

责任编辑：多海鹏　　文案编辑：多海鹏
责任校对：周瑞红　　责任印制：李志强

出版发行 / 北京理工大学出版社有限责任公司
社　　址 / 北京市丰台区四合庄路 6 号
邮　　编 / 100070
电　　话 / （010）68914026（教材售后服务热线）
　　　　　（010）68944437（课件资源服务热线）
网　　址 / http://www.bitpress.com.cn

版 印 次 / 2024 年 1 月第 1 版第 7 次印刷
印　　刷 / 三河市天利华印刷装订有限公司
开　　本 / 787 mm × 1092 mm　1/16
印　　张 / 16.5
字　　数 / 388 千字
定　　价 / 49.80 元

图书出现印装质量问题，请拨打售后服务热线，负责调换

编审委员会

主　任　王建良
副主任　王福忠　丁在明　张宏坤
委　员　刘文国　李　勇　冯益增
　　　　　许子阳　张世军　崔　玲
　　　　　孙静霞

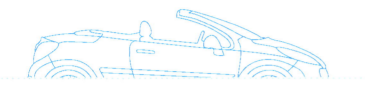 

为贯彻落实党的二十大精神，基于当前我国经济社会对汽车技术服务领域高素质技术技能人才的需求，为建设交通强国，努力培养造就更多大国工匠，体现立德树人根本目的，教材充分体现汽车产业的最新前沿技术，有效融入思政元素，体现社会主义核心价值观，有效支撑岗课赛证综合育人，促进学生德智体美劳全面发展，我们组织汽车类院校骨干教师与企业技术专家共同编写了本书。

本书既可作为高职汽车检测与维修类相关专业的教学用书，也可供从事汽车维修的技术人员或汽车行业的工程技术人员阅读参考。

本书系统地介绍了发动机各系统的结构、工作原理及拆装工艺，共有8个学习任务：汽车发动机常用工量具识别、发动机总体构造认识与工作原理、曲柄连杆机构结构与拆装、配气机构结构与拆装、冷却系统结构与拆装、润滑系统结构与拆装、汽油机燃料供给系统结构与拆装、点火系统结构与拆装。每个学习任务的设置都是以企业实际发生的案例引入，以实际拍摄的图片和简练的文字阐明每个具体工作任务的操作流程与方法，以便于学生理解。同时为引导学生学习，结合每个工作任务设计了任务工单及学习评价单，方便于学习与教学。教材内容的选取注重理论与实践相结合，对操作内容结合维修企业现状进行了筛选，摒弃了过时和难度较大的内容，具有很强的实用性与针对性。

本书由山东交通职业学院李勇担任主编，山东交通职业学院付舒、刘慧燕及烟台汽车工程职业学院王毅担任副主编，山东广潍集团刘润明参与了教材编写工作，山东交通职业学院王福忠担任主审。

在教材的编写过程中，学校老师与企业技术人员共同参阅了大量国内外汽车厂家的技术资料和公开出版的教材，并以东风雪铁龙爱丽舍轿车作为实际教学用车，在此一并表示感谢。由于时间仓促和编者水平有限，书中难免存在错误和不妥之处，敬请广大读者批评指正。

编　者

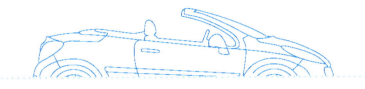

目 录

学习任务 1　汽车发动机常用工量具识别 ……………………………… 001
　一、知识准备 …………………………………………………………… 001
　　（一）汽车常用拆装工具 …………………………………………… 001
　　（二）汽车专用拆装工具 …………………………………………… 007
　　（三）汽车维修量具及仪表 ………………………………………… 010
　二、任务实施 …………………………………………………………… 015

学习任务 2　发动机总体构造认识与工作原理 ………………………… 017
　一、知识准备 …………………………………………………………… 017
　　（一）发动机的分类 ………………………………………………… 017
　　（二）发动机的总体构造 …………………………………………… 021
　　（三）四冲程发动机的常用术语 …………………………………… 023
　　（四）四冲程汽油机工作原理 ……………………………………… 024
　二、任务实施 …………………………………………………………… 025

学习任务 3　曲柄连杆机构结构与拆装 ………………………………… 032
　一、知识准备 …………………………………………………………… 032
　　（一）气缸体与曲轴箱组 …………………………………………… 032
　　（二）活塞连杆组 …………………………………………………… 037
　　（三）曲轴飞轮组 …………………………………………………… 047
　二、任务实施 …………………………………………………………… 054
　　（一）拆装曲轴飞轮组 ……………………………………………… 054
　　（二）拆装活塞连杆组 ……………………………………………… 062

学习任务 4　配气机构结构与拆装 ……………………………………… 067
　一、知识准备 …………………………………………………………… 067
　　（一）配气机构的作用 ……………………………………………… 067
　　（二）配气机构的工作原理 ………………………………………… 067
　　（三）配气机构的组成 ……………………………………………… 067
　　（四）配气机构的分类及布置形式 ………………………………… 068

（五）气门组 ……………………………………………………………………… 074
　　（六）气门传动组 …………………………………………………………………… 078
二、任务实施 …………………………………………………………………………… 086
　　（一）拆装气门传动组 ……………………………………………………………… 086
　　（二）拆装气门组 …………………………………………………………………… 093
三、拓展知识 …………………………………………………………………………… 097
　　（一）发动机可变气门升程控制机构（VTEC）…………………………………… 097
　　（二）丰田发动机可变配气正时控制系统（VVT-i）……………………………… 098

学习任务 5　冷却系统结构与拆装 …………………………………………………… 101
一、知识准备 …………………………………………………………………………… 101
　　（一）冷却系统的组成及循环路线 ………………………………………………… 101
　　（二）冷却系统主要部件的结构与工作原理 ……………………………………… 104
二、任务实施 …………………………………………………………………………… 108
　　（一）散热器拆装 …………………………………………………………………… 108
　　（二）水泵拆装 ……………………………………………………………………… 111

学习任务 6　润滑系统结构与拆装 …………………………………………………… 116
一、知识准备 …………………………………………………………………………… 116
　　（一）润滑系统的组成及油路 ……………………………………………………… 116
　　（二）润滑系统主要部件的结构与工作原理 ……………………………………… 120
二、任务实施 …………………………………………………………………………… 125
　　（一）拆装滤清器 …………………………………………………………………… 125
　　（二）拆装机油泵 …………………………………………………………………… 130

学习任务 7　汽油机燃料供给系统结构与拆装 ……………………………………… 134
一、知识准备 …………………………………………………………………………… 134
　　（一）电子控制燃油喷射系统的分类与组成 ……………………………………… 134
　　（二）空气供给系统主要部件的结构与工作原理 ………………………………… 139
　　（三）燃油供给系统主要部件的结构与工作原理 ………………………………… 146
　　（四）电子控制系统主要部件的结构与工作原理 ………………………………… 152
　　（五）排气净化 ……………………………………………………………………… 163
二、任务实施 …………………………………………………………………………… 172
　　（一）拆装空气供给系统 …………………………………………………………… 172
　　（二）拆装燃油供给系统 …………………………………………………………… 178
　　（三）拆装排气系统 ………………………………………………………………… 185
三、拓展知识 …………………………………………………………………………… 189
　　（一）汽油及其使用性能 …………………………………………………………… 189
　　（二）汽油机可燃混合气 …………………………………………………………… 190
　　（三）稀薄燃烧与节能减排 ………………………………………………………… 192

（四）进气增压系统的结构与工作原理 …………………………………… 194

学习任务 8　点火系统结构与拆装 ……………………………………………… **206**
　一、知识准备 …………………………………………………………………… 206
　　（一）点火系统的组成与分类 ………………………………………………… 206
　　（二）微机控制电子点火系统的结构与工作原理 …………………………… 207
　二、任务实施 …………………………………………………………………… 213

参考文献 ………………………………………………………………………… **218**

学习任务 1

汽车发动机常用工量具识别

小王是一名汽车专业的毕业生,来到一家汽车销售服务公司应聘汽车维修岗位,服务经理要考量一下小王有关汽车维修的基本知识和技能,安排相关人员准备了汽车常用的工具、量具和相应的工件让小王按照规范操作,看小王能否胜任。

通过本任务学习,应能:

1. 识别及正确使用常见的拆装工具;
2. 正确使用汽车维修中的测量工具;
3. 按照安全操作规范进行操作。

一、知识准备

(一)汽车常用拆装工具

1. 扳手

(1)开口扳手。

开口扳手按形状有双头扳手(见图1-1)和单头扳手之分。其作用是紧固、拆卸一般标准规格的螺母和螺栓。这种扳手可以直接插入或套入,使用较方便。扳手的开口方向与其中间柄部错开一个角度,通常为15°、45°、90°等,以便在受限制的部位中扳动方便。

(2)梅花扳手。

梅花扳手同开口扳手的用途相似,但两端是花环式的,如图1-2所示。其孔壁一般是12边形,可将螺栓和螺母头部套住,扭转力矩大,工作可靠,不易滑脱,携带方便,适用于旋转空间狭小的场合。

(3)套筒扳手。

1)旋具套筒扳手。旋具套筒与配套手柄配合,组合成各式螺钉旋具或六角扳手,用来拆卸螺栓头为特殊形状的螺栓或扭矩过大的小螺钉,如图1-3所示。旋具套筒与不同手柄配合会起到不同的作用,可用棘轮扳手实现快速旋拧,也可接上接杆加长使用。

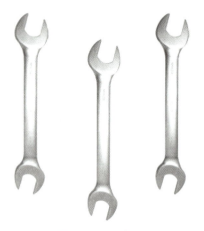

图 1-1　开口扳手

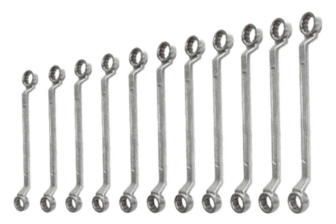

图 1-2　梅花扳手

图 1-3　旋具套筒扳手

2）普通套筒扳手。普通套筒扳手除了具有一般扳手的用途外，特别适用于旋转部位很狭小或较深处的六角螺母和螺栓，如图 1-4 所示。由于套筒扳手各种规格是成套的，故使用方便、效率更高。

（4）扭力扳手。

1）指针式扭力扳手。指针式扭力扳手结构相对比较简单，它有一个刻度盘，当紧固螺栓时，扭力扳手在力的作用下产生弯曲，这样就可以通过指针的偏转角度大小表示螺栓、螺母的旋转程度，其数值可以通过刻度盘直接读出，如图 1-5 所示。凡是对螺母、螺栓有明确规定扭力的（如气缸盖、曲轴与连杆的螺栓、螺母等），都要使用扭力扳手。通常汽车维修中使用的扭力扳手规格为 300 N·m。

注意：使用指针式扭力扳手，当一只手握住扳手顶端与套筒的连接处时，不要碰到指针杆，以防造成读数不准确。

2）预置力式扭力扳手。预置力式扭力扳手可以通过旋转手柄，预先调整和设定扭矩，在使用中当达到设定扭矩时，扭力扳手会发出警告声以提示操作者。当听到扳手发出"咔嗒"声响后，应立即停止旋力以保证扭矩准确，如图 1-6 所示。

注意：当扳手设在较低扭力值时，产生的警告声会很小，应特别注意。

图 1-4　普通套筒扳手

图 1-5　指针式扭力扳手

在使用扭力扳手时，禁止向外推动工具，以免发生滑脱造成人身伤害。在拧紧螺栓或螺母时，切不可用力过猛，更不可施加冲击力。当旋转阻力不断增加时，旋转的速度应放慢，以免损坏螺纹。当在一个平面上用扭力扳手紧固多个螺栓或螺母时，应遵循紧固顺序，一般的拧紧方法是从中间向两边对角分多次拧紧，以防平面发生变形。

（5）活动扳手。

活动扳手的开口宽度可调节，能在一定范围内变动尺寸，如图 1-7 所示。其优点是遇到不规则的螺母或螺栓时更能发挥作用，故应用较广。使用活动扳手时，扳手口要调节到与螺母对边贴紧。扳动时，应使扳手可动部分承受推力、固定部分承受拉力，且用力必须均匀。

图 1-6　预置式扭力扳手

图 1-7　活动扳手

注意：在使用活动扳手时，不得在扳手上加装套管或锤击活动扳手。禁止将活动扳手当作锤子来使用。不要使用活动扳手来完成大扭矩的紧固或旋松，以免损坏螺栓或螺母棱角。

（6）管子扳手。

管子扳手主要用于扳转金属管子或其他圆柱工件。管子扳手口上有牙，工作时会将工件表面咬毛，应避免用来拆装螺栓和螺母，如图 1-8 所示。

（7）火花塞扳手。

火花塞扳手是一种薄壁长套筒、用于拆除火花塞的专用工具，如图 1-9 所示。使用前应根据火花塞六角对边的尺寸，选用与其相同的火花塞扳手。拆卸时，火花塞扳手应对正火花塞六角头，套接要妥当，不可歪斜，应逐渐加大扭力，以防滑脱。

图 1-8　管子扳手

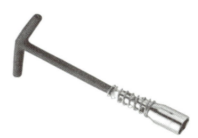

图 1-9　火花塞扳手

（8）油管拆装扳手。

油管拆装扳手专门用来拆卸制动油管、发动机供给系统油管等，它是介于开口扳手和梅花扳手之间的一种扳手，如图1-10所示。它既能像梅花扳手一样保护螺栓或螺母的棱角，又能像开口扳手一样从侧面插入，实施拧紧或旋松操作，但不能进行大扭矩旋紧。

（9）内六角扳手。

内六角扳手用来拆卸内六角和花形内六角螺栓，此类扳手多为L形，如图1-11所示。其长端的尾部设计成球形，这样有利于内六角扳手从不同的角度操作，便于在狭小空间使用。使用L形的内六角扳手和花形内六角扳手时，可以手持长端进行紧固或旋松。

图1-10　油管拆装扳手

图1-11　内六角扳手

注意：在使用内六角扳手时，应选取与螺栓内六方孔相适应的扳手，并且不允许使用任何加长装置，否则会使扳手损坏。

（10）棘轮手柄扳手。

棘轮手柄是最常见的套筒手柄，如图1-12所示。套筒手柄是装在套筒上用于扳动套筒的配合手柄，棘轮手柄头部设计有棘轮装置，在不脱离套筒和螺栓的情况下，可实现快速单方向的转动。

通过调整锁紧机构可以改变旋转方向：将锁紧机构手柄调到左边，可以单向顺时针拧紧螺栓或螺母；若将锁紧机构手柄调到右边，则可以单向逆时针松开螺栓或螺母。

注意：不要使用棘轮手柄扳手来对螺栓或螺母做最后的拧紧，另外严禁对棘轮手柄扳手施加过大的扭矩，否则会损坏内部的棘爪。

（11）快速摇杆扳手。

快速摇杆扳手也称摇把，是旋动螺母最快的手柄扳手，如图1-13所示。但它不能在螺母上施加太大的扭矩，主要用于拧下已经松动的螺母，或者快速地将螺母拧到螺栓上。一般

图1-12　棘轮手柄扳手

图1-13　快速摇杆扳手

在使用快速摇杆扳手时，左手握住摇杆端部，并保持摇杆与所拆螺栓同轴，右手握住摇杆中部迅速摇转即可。

注意：在使用快速摇杆扳手时，握摇杆的手不可摇晃，以免套筒滑出螺栓或螺母，产生安全事故。

2. 螺钉旋具

螺钉旋具主要有一字螺钉旋具和十字螺钉旋具两种，如图 1-14 所示。

在使用螺钉旋具时，右手握住螺钉旋具手柄，用手心抵住柄端，螺钉旋具与螺钉同轴，压紧后用手腕扭转。松动后用手心轻压螺钉旋具，用拇指、中指、食指快速扭转。使用长杆螺钉旋具时，可用左手协助压紧和拧动手柄。

注意：刀口应与螺钉槽口大小、宽窄、长短相适应，刀口不得残缺，以免损坏槽口。不准将螺钉旋具当签子使用；不准将螺钉旋具当撬棒使用；不可在螺钉旋具口端用扳手或钳子增加扭力，以免损伤螺钉旋具杆。

还有一种冲击旋具，也称为锤击式加力旋具，如图 1-15 所示。若有螺钉、螺栓生锈或拧得过紧，就需要施加较大的力才能使其松动，这时可用冲击旋具施加瞬间冲击力，以达到拆卸的目的。使用时，应先把冲击旋具的旋转方向调整好，刀口对准螺钉或螺栓头部，只需要用锤子击打冲击旋具的后部，即可对螺钉或螺栓施加冲击力，以进行拆卸。

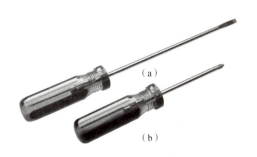

图 1-14 螺钉旋具
(a) 一字螺钉旋具；(b) 十字螺钉旋具

图 1-15 冲击旋具

注意：在使用冲击旋具时，一定要注意锤击时的旋转方向。冲击旋具的头部可进行旋转，通常将冲击旋具的手柄顺时针旋转到底（锤击时旋具的旋转方向为逆时针，反之则为顺时针）。

3. 钳子

（1）鲤鱼钳。

鲤鱼钳用于弯曲小金属材料、夹持扁形或圆形小工件及切断金属丝，钳口宽度有两挡调节位置，如图 1-16 所示。使用时，用手握住钳柄后端，使钳口开闭和夹紧。

注意：不可用钳子代替扳手来拧紧或拧松螺栓、螺母，以免损坏螺栓及螺母头部棱角。不可将钳子柄当撬棒使用，以免使之弯曲、折断或损坏。

（2）尖嘴钳、弯嘴钳。

尖嘴钳钳口长而且细，用于夹持卡簧、锁销等圆形或圆柱形小件，如图 1-17 和图 1-18 所示。使用时，用手握住钳柄后端，以使钳口开闭和夹紧。

注意：不可用力太大，否则钳口头部会变形、销轴会松动。不可将钳子柄当撬棒使用，

图 1-16　鲤鱼钳

图 1-17　尖嘴钳

以免使之弯曲、折断或损坏。不可用钳子代替扳手来拧紧或拧松螺栓、螺母，以免损坏螺栓及螺母头部棱角。

（3）钢丝钳。

钢丝钳用来切断金属丝或夹持零件，如图 1-19 所示。在使用时，用手握住钳柄后端，使钳口开闭和夹紧，钳口前端主要用于夹持尺寸相应的零件，其根部的刃口用来切断铁丝。

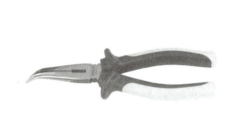

图 1-18　弯嘴钳

图 1-19　钢丝钳

注意：当用钢丝钳切断较硬的物体时，禁止使用锤子来敲击钳子以增加切割力，以免损坏钢丝钳。

4. 锤子

（1）铁锤。

铁锤用于敲击工件，使工件变形、位移、振动，并可用于工件的校正和整形，如图 1-20 所示。使用时，右手握住锤柄后端约 10 mm 处，握力适度，眼睛注视工件。挥锤方法有三种：手挥、肘挥和臂挥。

注意：手柄应安装牢固，用模塞牢，防止锤头飞出伤人。锤头应平整地击打在工件上，不得歪斜，以防止破坏工件表面形状。拆卸零部件时，禁止直接锤击重要表面或易损部位，以防表面出现破坏或损伤。

（2）橡胶锤。

橡胶锤用于柔和地锤击物件，而不会损伤物件的表面，如图 1-21 所示。其常用于修复车身薄板的轻微变形，而不至于破坏喷漆表面。

注意：不能使用橡胶锤击打硬质物件，以免损坏橡胶锤。

图 1-20 铁锤

图 1-21 橡胶锤

（二）汽车专用拆装工具

1. 活塞环拆装钳

活塞环拆装钳是一种专门用于拆装活塞环的工具，如图 1-22 所示。使用时，用拆装钳上的环卡卡住活塞环开口，握住钳柄稍稍均匀地用力，使拆装钳钳柄慢慢地收缩，环卡将活塞环徐徐地张开，使活塞环能从活塞环槽中取出或装入。

注意：使用活塞环拆装钳拆装活塞环时，用力必须均匀，避免用力过猛而导致活塞环折断甚至发生伤手事故。

2. 气门弹簧拆装架

气门弹簧拆装架是一种专门用于拆装顶置气门弹簧的工具，如图 1-23 所示。使用时，用拆装架托架抵住气门、压环对正气门弹簧座，然后压下手柄，使得气门弹簧被压缩。这时取下气门弹簧锁销或锁片，慢慢地松抬手柄，即可取出气门弹簧座、气门弹簧和气门等。

图 1-22 活塞环拆装钳

图 1-23 气门弹簧拆装架

3. 千斤顶

千斤顶是一种最常用、最简单的起重工具，按照其工作原理可分为液压式和机械式，如图 1-24 和图 1-25 所示。目前广泛使用的是液压式。

图 1-24 液压式千斤顶

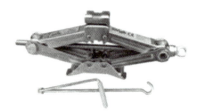

图 1-25 机械式千斤顶

4. 汽车举升机

为了改善劳动条件，增大作业空间范围，汽车举升机在汽车维修中的使用日益广泛，如图 1-26~图 1-28 所示。汽车举升机按立柱数可分为剪式、双立柱式和四立柱式。按照结构特点可分为电动机械举升机和电动液压举升机。

5. 轴承顶拔器

轴承顶拔器用于轴承的取出，如图 1-29 所示。使用时，将轴承顶拔器张开，置于轴承端头，使顶拔器将轴承拉紧，逐渐收紧顶拔器，即可将轴承取出。

二维码 1-1：液压式千斤顶及举升机的使用

图 1-26 剪式举升机

图 1-27 双立柱式举升机

图 1-28 四立柱式举升机

图 1-29 轴承顶拔器

注意事项：顶拔器放置及拉紧部位要正确，用力均匀，缓慢拉出，以防止损坏轴承。

6. 滑脂枪

滑脂枪用于为汽车上装有滑脂嘴的机件加注润滑脂，如图1-30所示。使用时，反复拉压滑脂枪柄，即会有润滑脂挤进润滑脂嘴的部位，直至有新的润滑脂从缝隙中被挤出为止。

7. 机油滤清器拆装扳手

机油滤清器拆装扳手如图1-31所示。当拆装机油滤清器时，将卡圈松到最大位置，然后放入机油滤清器的端部棱角中，调整卡圈使其紧靠在机油滤清器的外壳上，顺时针（安装滤清器）或逆时针（拆卸滤清器）慢慢施力转动拆装扳手手柄即可。

图1-30　滑脂枪

注意事项：在安装机油滤清器时，应慢慢转动扳手，切不能用力过大，以防损坏机油滤清器及油封。

8. 活塞及活塞环装配工具

活塞及活塞环装配工具如图1-32所示。使用时，先逆时针转动弯把，根据活塞直径将活塞卡箍放到合适尺寸，并套在活塞及活塞环上，然后顺时针转动弯把，将活塞卡箍紧卡在活塞上，用手或木柄慢慢将活塞连杆组装入气缸中。

注意事项：在顺时针转动卡箍时，可用木柄轻轻敲打卡箍周边，使卡箍紧卡在活塞上，以防卡箍与活塞之间留有间隙，导致在装配活塞连杆组时损坏活塞环。

9. 轮胎拆装机

轮胎拆装机，也叫拆胎机、扒胎机，用于安装和卸载汽车轮胎，可用于汽车、摩托车和重型卡车等，是汽车维修厂和4S店必备设备，有气动式与液压式两种，最常用的是气动式。轮胎拆装机实物如图1-33所示。

图1-31　机油滤清器拆装扳手　　图1-32　活塞及活塞环装配工具　　图1-33　轮胎拆装机实物

(三)汽车维修量具及仪表

1. 外径千分尺

外径千分尺,也叫外径分厘卡或螺旋测径尺,如图 1-34 所示。在固定套管的制动手柄一侧外圆表面的轴向制有一条与素线平行的基线,在基线上每一个小格的间距为 1 mm,每一小格之间刻有短划线,短划线与小格线的间距为 0.5 mm。在活动套管的左端圆锥面靠近小端等分 50 格,活动套管每正转或反转一周,其左边缘将沿基线向左或向右移动 0.5 mm;活动套管每正转或反转 1/50 周,其左端圆锥面上的刻度与基线的位置变动 1 个小格,测杆则沿基线进退 0.01 mm。

图 1-34 外径千分尺

在使用外径千分尺进行测量前,首先用附件盒内的标准杆校验标尺起始位置指示的准确性,方法是:将标准杆放在砧座与测杆左端面之间,使其端面与砧座全面接触,转动活动套筒,使测杆左端面与标准杆均匀贴合,接触压力以转动外径千分尺尾端的棘轮发响 2~3 下为宜。此时,活动套管左边缘应压在标尺的起始线上或起始线与短划线之间。其锥面上的"0"刻度与基线对正。如有不符应进行校准或记录其与标准数值的误差,在每次测量时都要扣除标尺误差,计算出准确的数据。

测量时,左手平握弓架,使砧座与被测轴件表面接触;右手转动活动套管,在测杆的端面接近零件表面时,右手的拇指和食指改捏尾端棘轮,一方面轻轻转动棘轮,另一方面外径千分尺以砧座为支点做与零件轴线垂直的横向摆动,来回超越被测轴线表面。测杆与被测轴件表面的接触压力以转动棘轮发响 2~3 下为宜。最后用制动手柄固定测杆。

读数时先读出活动套管左边缘与基线小格所显示的尺寸数字(毫米整数值)。如活动套管左边缘已向右移过短划线,则应在毫米整数值上加上 0.5 mm。然后再观察活动套管左端锥面上"0"刻度与基线的相对位置。最后通过毫米整数值(或再加上 0.5 mm)和活动套管左端面"0"刻度超出基线的相应刻度值,读出被测轴件的实际尺寸。

2. 百分表及支架

图 1-35 所示为百分表及支架,在汽车维修中常用百分表测量零件的尺寸误差、形位误差和零件的配合间隙等。

百分表的刻度盘一般分为 100 格,接触头每移动 0.01 mm,大指针就偏移 1 格(表示 0.01 mm);大指针每旋转 1 圈,小指针偏移 1 格(表示 1 mm)。指针的偏移量就是被测零件的实际偏差或间隙值。

图 1-35　百分表及支架

使用时，先将百分表固定在支架上，以测杆端接触头抵在被测零件的表面上，并使接触头产生一定的位移。移动被测零件或百分表支架，观察百分表表盘上指针的偏移量，该偏移量即为被测零件的偏差尺寸或间隙值。

注意事项：在使用百分表时，要轻拿轻放，不能冲击百分表接触头，测量时一定要打开磁力开关，以防固定不牢而损坏百分表。

3. 内径量表

内径量表也称量缸表，如图 1-36 所示。

测量前，首先将百分表装入表架内，测杆与推杆接触，使表针预先压缩 0.5 mm，以消除各连接杆件间的游隙。其次，选用与被测孔径相适应长度的固定杆，并将固定杆固定。活动杆和固定杆两端头的距离，在自由状态下以大于被测孔的最大直径 0.5 mm 为宜。然后选用与被测量孔直径相对应的外径千分尺，将其尺寸定在比被测孔最大直径略小且接近的整数值上，使内径量表的活动杆和固定杆置于外径千分尺的砧座与测杆之间，保持其轴线与测杆的轴线平行，转动百分表的活动表面，使 "0" 刻度与长指针对正。

测量时，将内径量表的下部倾斜地伸入被测孔内，表架杆的轴线与孔的轴线保持平行。然后将表架在被测轴线的平面内来回偏摆，观察百分表的长指针顺时针摆动至极限位置的读数，由该读数与零刻度时的差值，即可推算出被测孔两测量点的直径。

4. 游标卡尺

利用游标卡尺可以直接测量出零件的外径、孔径、长度、宽度、深度和孔距等尺寸，如图 1-37 所示。

使用游标卡尺前，应检查主尺与副尺的零线是否对齐，用漏光法检查内、外卡脚的测量面是否贴合，并应将卡脚的接触面与被测零件表面擦干净。测量时，对副尺的压力不能过大或过小，否则会影响测量的准确性。读数时，先读出副尺上 "0" 刻度线左面主尺的整数刻度（毫米），再读出副尺上某一刻度线正对主尺刻度线的数值。然后把主尺整数刻度和副尺上的小数值加起来就是所测量的尺寸。

注意事项：用游标卡尺测量时，禁止游标卡尺在零件上硬卡、硬拉及在运动零件上测量。不准用游标卡尺测量毛坯零件及粗糙表面。

图 1-36 内径量表

图 1-37 游标卡尺

5. 塞尺

塞尺（又叫塞规、千分片）用于测量或校准两平行面间的间隙，如图 1-38 所示，如发动机活塞与缸壁的间隙、气门间隙、触点间隙等。塞规的长度有 50 mm、100 mm 和 200 mm，厚度为 0.02~0.1 mm 和 0.1~1 mm。使用时，根据间隙的大小，可选用 1 片或 3 片（一般不超过 3 片）塞入间隙，让塞规能活动又稍微有点摩擦为宜。

注意事项：清除被测表面与塞规的灰尘和油污。测量时，厚薄片不能强行插入或抽出，以免弯曲和折断；不能测量发热零件。

图 1-38 塞尺

6. 气缸压力表

根据测量范围不同，气缸压力表可分为 0~1.4MPa（汽油机）和 0~4.9MPa（柴油机）两种，如图 1-39 和图 1-40 所示；按其连接形式不同，又可分为推入式和螺纹连接式两种。

图 1-39 汽油机气缸压力表

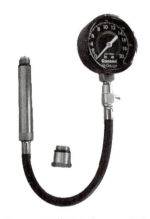

图 1-40 柴油机气缸压力表

7. 轮胎气压表

轮胎气压表用于测量轮胎气压,如图 1-41 所示。使用时,将轮胎气压表充气头安装在轮胎气门嘴上,此时气压表显示的数值即为该车轮轮胎的气压值。图 1-41(a)和图 1-41(c)所示的两种表还可以进行充气,若压力过低,可使气压表连接气源,拨动气压表上的开关即可对该轮胎充气,并不时地关闭开关观察气压表读数,直到符合要求为止。

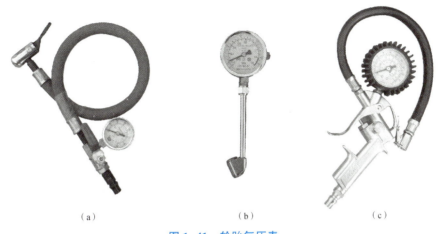

(a)　　　　　　　　　(b)　　　　　　　　　(c)

图 1-41　轮胎气压表

8. 真空表

真空表用于测量真空系统的真空度,如图 1-42 所示。测量时,将真空表的连接头装入发动机的真空系统中,起动发动机使其转速达到测量要求,此时真空表显示的数值即为此转速下的真空度。

9. 数字万用表

数字万用表是汽车检测与维修过程中不可缺少的测量仪表,一般可测量直流电流、直流电压、交流电流、交流电压、电阻和音频电平等,有的还可以测电容量、电感量及半导体的一些参数(如 β)等,如图 1-43 所示。

图 1-42　真空表　　　　　　　　　图 1-43　数字万用表

10. 蓄电池测试仪

蓄电池测试仪，又称蓄电池检测仪，是针对汽车蓄电池的工作能力进行判断的专业分析检测设备，既可以检测安装于车内的蓄电池，也可检测未安装的蓄电池。汽车蓄电池对于汽车来说，尽管在成本上所占的比重不高，但它对整部汽车却起着举足轻重的作用。蓄电池测试的目的是在蓄电池完全损坏之前，检测其他电量是否有显著下降，或蓄电池是否需要更换。所以，了解汽车蓄电池是否仍然良好及提前更换将要报废的蓄电池，能有效提高企业的服务水平和用户满意度。蓄电池测试仪的功能结构介绍如图 1-44 所示。

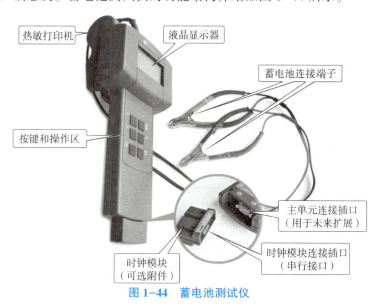

图 1-44　蓄电池测试仪

11. 冷却液测试仪

冰点测试仪如图 1-45 所示，只要滴几滴液体在棱镜上，然后向着光观察，就可以快速读出溶液的测量值。通过测得的百分比可以知道以丙二醇和乙二醇为基的冷却系统的冰点和汽车前窗玻璃清洁液的冰点，还可用来检查蓄电池内电解液的比重及使用状态。测量范围：冷却液冰点 0℃～-50℃；电池电解液比重 1.10～1.40；玻璃液冰点 0℃～-40℃。

检测时，掀起盖板，用柔软的绒布将盖板及棱镜表面擦拭干净，将待测液体用吸管滴于棱镜表面，合上盖板轻轻按压，将折光棱镜对向光亮方向，旋转目镜，使视场内刻度线清晰，读出明暗分界线在标示板上相应标尺上的数值即可。测试完毕，用绒布擦净棱镜表面和盖板，清洗吸管，并将仪器放还于包装盒内。

图 1-45　冰点测试仪

注意事项：在测量电池电解液时，注意不要洒在皮肤和眼睛上，以防烧伤，测试后应仔细擦净仪器。

12. 冷却系统压力测试仪

冷却系统压力测试仪如图 1-46 所示，主要用于检查发动机冷却系统的密封性，包括冷却液循环系统和储液罐盖密封性能的检查。冷却系统压力测试仪主要由密封盖适配器、连通管路和过压泵三部分组成。

13. 制动液含水率测试仪

制动液具有吸湿性，制动液含水率过高不仅会使制动系统内部产生腐蚀，而且会使制动效果明显下降，影响 ABS 的正常工作。4S 店一般建议每隔 2 年更换 1 次制动液。在使用制动液含水率测试仪时，可将测量头完全浸入待测制动液中，按下工作按钮，指示灯则会显示制动液的状态，即良好、建议更换或者是需立即更换，使用者可根据提示进行相应操作。制动液含水率测试仪如图 1-47 所示。

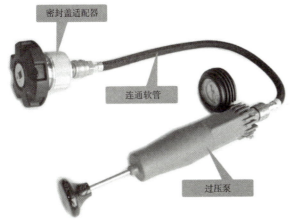

图 1-46　冷却系统压力测试仪　　　图 1-47　制动液含水率测试仪

二、任务实施

常用工量具的识别。

1. 项目说明

通过将工具实物和教材对比，使学生识别车间常见工具和量具。

2. 技术要求与标准

（1）一个学员能在 15 min 内完成此项目。

（2）技术标准。

正确识别工、量具。

3. 设备器材

（1）工具车（内含成套通用工具）四套。

（2）外径千分尺、游标卡尺、百分表等量具。

4. 作业准备

（1）工具准备。

（2）量具准备。

（3）记录单准备。

5. 任务实施

将学员分成 4 组，讨论常用工量具的名称、规格、功能，并将讨论结果记录在常用工量具识别记录单中,如表 1-1 所示。

表 1-1 常用工量具识别记录单

姓名		班级		学号		组别	
车型		发动机型号		作业单号		作业日期	
序号	名称		规格		功能用途		
1							
2							
3							
4							
5							
6							
7							
8							
9							
10							
11							
12							
13							
14							
15							
结论							
建议处理意见							

学习任务 2
发动机总体构造认识与工作原理

吴先生想购买一辆运动型轿车,他特别注重发动机的各项性能指标,到某 4S 店咨询汽车发动机的结构参数、配置与性能指标等,请接待该客户,并解答客户提出的问题。

通过本任务学习,应能:
1. 描述发动机常规技术概念;
2. 描述四冲程汽油发动机工作过程和工作原理;
3. 描述四冲程柴油发动机工作过程和工作原理;
4. 描述发动机的总体组成。

一、知识准备

发动机是汽车的动力源,是将热能转化为机械能的一种机械装置。它利用燃料在气缸内燃烧所产生的热能使气体膨胀以推动曲柄连杆机构运动,并通过底盘传动系统驱动汽车行驶。

(一)发动机的分类

1. 按照汽车所用燃料分类

按照汽车发动机所使用的燃料可分为液体燃料发动机(汽油机、柴油机等,如图 2-1 和图 2-2 所示)和气体燃料发动机(天然气发动机、液化石油气发动机等)。

2. 按照点火方式分类

按照发动机的点火方式可分为点燃式发动机和压燃式发动机。

汽油的特性:自燃温度比柴油高,因此采用点燃式发火。在点火系统中,通过火花塞发出的电火花强制点燃汽油,使其发火燃烧,这种发动机称为点燃式发动机。

柴油的特性:在同样的条件下其自燃点要比汽油的自燃点低,因此采用压燃式(自燃式)发火。一般情况下可通过喷油泵和喷油器将柴油直接喷入发动机气缸内,在气缸内与压缩空气均匀混合后,在高温下得以自燃,这种发动机称为压燃式发动机。

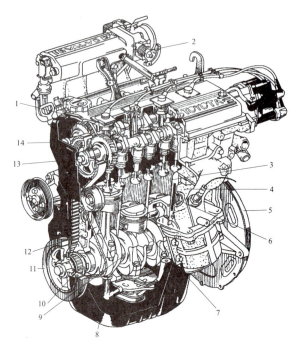

图 2-1 汽油发动机

1—火花塞；2—节气门；3—气缸；4—气缸体；5—飞轮；6—水套；7—活塞；8—油底壳；9—曲轴；
10—正时同步带轮；11—曲轴皮带轮；12—正时同步带；13—凸轮轴；14—气缸盖

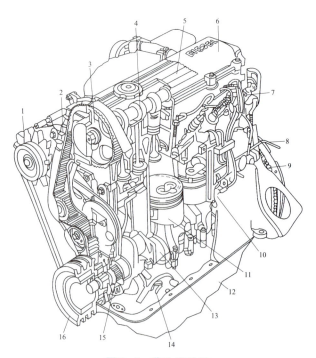

图 2-2 柴油发动机

1—交流发电机；2—正时同步带；3—凸轮轴正时同步带轮；4—凸轮轴；5—进气管；
6—气缸盖罩；7—喷油器；8—油管；9—飞轮；10—水套；11—活塞；12—油底壳；
13—曲轴；14—机油泵；15—曲轴正时同步带轮；16—曲轴皮带轮

3. 按照冷却方式分类

根据发动机的冷却方式不同，可分为水冷式和风冷式两种，如图 2-3 和图 2-4 所示。

图 2-3　水冷式发动机

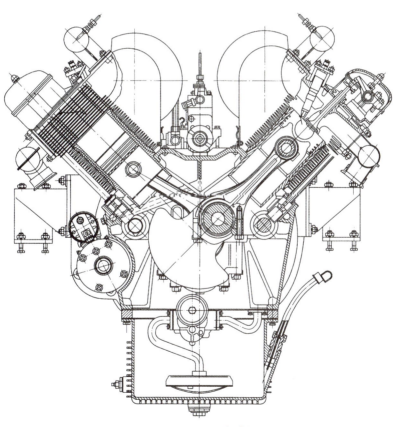

图 2-4　风冷式发动机

水冷式发动机是利用在气缸体与气缸盖冷却水套中进行循环的冷却液作为冷却介质进行冷却的；而风冷式发动机是利用流动于气缸体与气缸盖外表面散热片之间的空气作为冷却介质进行冷却的。水冷式发动机冷却均匀、工作可靠、冷却效果好，所以广泛应用于现代汽车发动机。

4. 按照工作循环分类

对于往复活塞式发动机，可以根据每一工作循环所需活塞的行程数来分类。凡是活塞往复四个行程完成一个工作循环的称为四冲程发动机，而活塞往复两个行程即完成一个工作循环的称为二冲程发动机，如图 2-5 和图 2-6 所示。

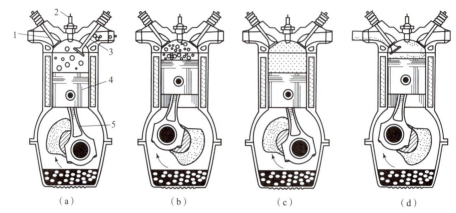

图 2-5　四冲程发动机工作原理示意图

（a）进气；（b）压缩；（c）做功；（d）排气

1—排气门；2—火花塞；3—进气门；4—活塞；5—曲轴及连杆

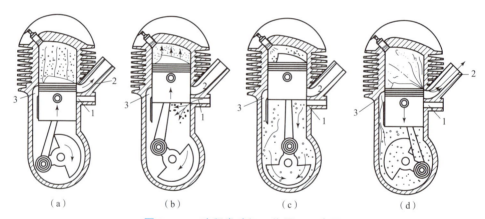

图 2-6　二冲程发动机工作原理示意图

（a）压缩；（b）进气；（c）燃烧；（d）换气

1—进气孔；2—排气孔；3—换气孔

二维码 2-1：四冲程发动机运行过程　　二维码 2-2：二冲程发动机运行过程

5. 按照气缸数和布置形式分类

发动机按照气缸数可分为单缸发动机和多缸发动机，仅有一个气缸的发动机称为单缸发动机，有两个及两个以上气缸的发动机称为多缸发动机。多缸发动机根据气缸间的排列方式又可分为直列式（气缸呈一列布置）、对置式（气缸呈两列布置，且两列气缸之间的中心线呈180°）和V型（气缸呈两列布置，且两列气缸之间夹角为V形）等发动机，如图2-7所示。

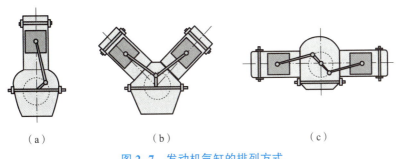

(a) (b) (c)

图2-7 发动机气缸的排列方式

(a) 直列式；(b) V型；(c) 对置式

二维码2-3：气缸的排列方式
——直列式

二维码2-4：气缸的排列方式
——V型

二维码2-5：气缸的排列方式
——水平对置式

6. 按照进气状态分类

按照发动机的进气形式可分为非增压（自然吸气）式和增压式发动机。若发动机的进气是靠活塞的抽吸作用而进入气缸的，则称为非增压（自然吸气）式发动机；若发动机装有增压器，空气通过增压器可以提高进气压力，则称为增压式发动机。

7. 按照气门数分类

每个气缸中设有一个进气门和一个排气门的发动机，称为二气门发动机；每个气缸中设有二个进气门和二个排气门的发动机，称为四气门发动机，如图2-8所示；每个气缸中设有三个进气门和二个排气门的发动机，称为五气门发动机。

图2-8 四气门发动机

（二）发动机的总体构造

发动机是一种由许多机构和系统组成的复杂机器。要完成能量转换、实现工作循环、保证长时间连续正常工作，就必须具备一些必备的机构和系统，包括曲柄连杆机构、配气机构、燃料供给系统、点火系统、冷却系统、润滑系统和起动系统。

1. 曲柄连杆机构

曲柄连杆机构是发动机实现工作循环、完成能量转换的主要运动零件，由机体组、活塞连杆组和曲轴飞轮组等组成。其作用是将燃料燃烧所产生的热能，经过机构由活塞的往复直线运动转变为曲轴的旋转运动而对外输出动力。

2. 配气机构

配气机构主要由气门组、气门传动组和气门驱动组组成。其作用是根据发动机各缸的工作顺序和工作循环的要求，定时开启与关闭进气门和排气门，使可燃混合气或空气适时充入气缸，并使废气从气缸内排出，以便发动机进行换气过程。

3. 燃料供给系统

汽油机燃料供给系统与柴油机燃料供给系统由于供油系统和燃烧过程不同，故在结构上有很大区别。

汽油发动机燃料供给系统主要由燃油箱、燃油泵、燃油滤清器、压力调节器、喷油器、空气滤清器、空气流量计或进气压力传感器、水温传感器、进气温度传感器、曲轴位置传感器、节气门位置传感器、车速传感器、氧传感器、电子控制单元（ECU）、怠速控制阀、进排气歧管、排气消声器等组成。其作用是根据发动机的要求，配制出一定数量和浓度的混合气供入气缸，并将燃烧后的废气从气缸内排到大气中去。

柴油发动机燃料供给系统主要由燃油箱、喷油泵、喷油器、燃油滤清器、空气滤清器、进排气歧管和排气消声器等组成，柴油机电控燃油喷射系统（共轨式）主要由加速踏板位置传感器、油泵压力传感器、电子控制单元（ECU）、燃油压力传感器、共轨管、三通阀、高压油泵、发动机转速传感器等组成。其作用是把柴油和空气分别供入气缸，在燃烧室内形成混合气并燃烧，最后将燃烧后的废气排出。

4. 润滑系统

发动机润滑系统主要由机油泵、集滤器、限压阀、机油滤清器、油道及机油散热器等组成。其作用是将润滑油分送至各个摩擦零件的摩擦面，以减少摩擦力及机件磨损，并清洗、冷却摩擦表面，从而延长发动机的使用寿命。

5. 冷却系统

冷却系统分水冷式和风冷式两种，现代汽车一般都采用水冷式。发动机冷却系统主要由水泵、散热器、节温器、风扇和冷却水套等组成。其作用是利用冷却水冷却高温零件，并通过散热器将热量散发到大气中去，从而保证发动机在最适宜的温度状态下工作。

6. 起动系统

发动机起动系统主要由起动机及其附属装置组成。其作用是带动飞轮旋转以获得必要的动能和起动转速，使静止的发动机起动并转入自行运转状态（即怠速运转状态）。

7. 点火系统

汽油发动机点火系统主要由蓄电池、发电机、点火器和分电器、点火线圈和火花塞等组成。其作用是定时在各缸火花塞电极间产生高压电火花，将气缸内的可燃混合气点燃。

(三)四冲程发动机的常用术语

图 2-9 所示为发动机示意图。

1. 上止点

活塞在气缸内做往复直线运动时,活塞顶部距离曲轴旋转中心最远的极限位置称为上止点。

2. 下止点

活塞在气缸内做往复直线运动时,活塞顶部距离曲轴旋转中心最近的极限位置称为下止点。

3. 活塞行程(S)

活塞从一个止点移动至另一个止点的距离,即上、下止点之间的距离称为活塞行程。活塞行程一般用 S 表示,单位为 mm。对应一个活塞行程,曲轴旋转 180°。

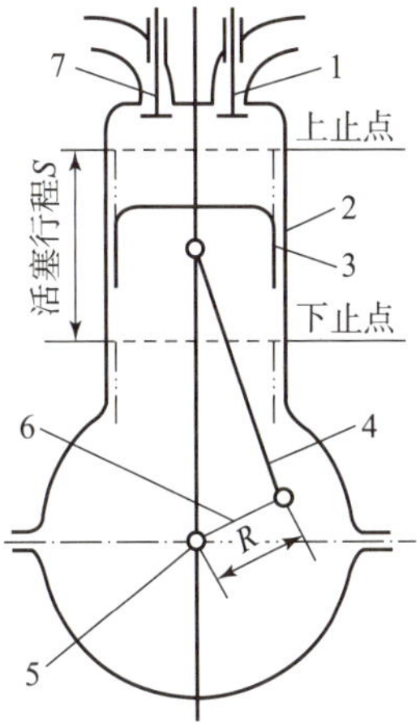

图 2-9 发动机示意图
1—排气门;2—气缸;3—活塞;4—连杆;5—曲轴中心;6—曲柄;7—进气门

4. 曲柄半径(R)

曲轴旋转中心(曲轴主轴径中心)至连杆轴径中心的距离称为曲柄半径。曲柄半径一般用 R 表示,通常活塞行程为曲柄半径的两倍,即 $S=2R$。

5. 燃烧室容积(V_c)

活塞在上止点时,活塞顶部以上空间的容积称为燃烧室容积,一般用 V_c 表示。

6. 气缸工作容积(V_h)

活塞从一个止点运动到另一个止点所扫过的容积称为气缸工作容积,一般用 V_h 表示,单位为 L。

$$V_h = (\pi D^2 / 4 \times 10^6) \cdot S$$

式中,D——气缸直径(mm)
S——活塞行程(mm)

7. 气缸总容积(V_a)

活塞位于下止点时,活塞顶部以上空间的容积称为气缸总容积,一般用 V_a 表示,单位为 L。气缸总容积等于气缸工作容积与燃烧室容积之和,即 $V_a = V_h + V_c$。

8. 发动机工作容积(V_L)

发动机各气缸工作容积的总和称为发动机工作容积,也称发动机排量,一般用 V_L 表示。若发动机气缸数为 i,则有:

$$V_L = V_h \cdot i$$

9. 压缩比(ε)

气缸总容积与燃烧室容积之比称为压缩比,表示活塞从下止点移动到上止点时,气缸内气体被压缩的程度。

$$\varepsilon = V_a / V_c = (V_h + V_c) / V_c = 1 + V_h / V_c$$

压缩比越大,则压缩终了时气缸内气体的压力和温度就越高。汽油机的压缩比一般为 8~10,柴油机的压缩比一般为 16~22。

10. 工作循环

每次在气缸内进行的、将燃料燃烧的热能转化为机械能的一系列连续过程,称为发动机的工作循环,发动机的每一个工作循环包括进气、压缩、做功和排气四个过程。

(四)四冲程汽油机工作原理

单缸四冲程汽油发动机工作循环示意图如图 2-10 所示。四冲程发动机的曲轴每转两圈,活塞在气缸内依次往复运动,历经进气、压缩、做功和排气四个行程,即完成一个工作循环。

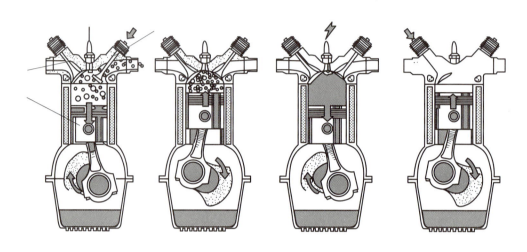

图 2-10 单缸四冲程汽油发动机工作循环示意图
(a)进气行程;(b)压缩行程;(c)做功行程;(d)排气行程

1. 进气行程

由于曲轴的旋转,带动活塞从上止点向下止点运动,这时进气门开启而排气门关闭。随着活塞的下移,活塞顶部空间增大,当气缸内压力降低到小于外界大气压力时,在气缸内产生真空吸力,空气和燃油形成的可燃混合气通过进气门被吸入气缸,直至活塞向下运动到下止点,进气门关闭,停止进气,进气行程结束。在进气过程结束时,由于受空气滤清器、进气管道和进气门等阻力的影响,气缸内气体压力略低于大气压力,一般为 0.075~0.09 MPa,同时受残余废气和高温机件加热的影响,温度可达 370~400 K。

实际上,汽油机的进气门在活塞到达上止点之前已经打开,并且延迟到下止点之后才关闭,以便吸入更多的可燃混合气。

2. 压缩行程

进气行程结束时,曲轴继续旋转,带动活塞从下止点向上止点运动,此时进气门、排气门都关闭,气缸封闭,可燃混合气被压缩,其压力和温度不断升高,当活塞到达上止点时压缩行程结束,此时可燃混合气的压力一般可达 0.68~1.47 MPa,温度可达 600~700 K。压缩比越大,压缩终了时气缸内的气体压力和温度越高,则燃烧速度越快,热效率越高,发动机的动力性和经济性越好。

若压缩比太高,则容易引起爆燃。爆燃是由于气体的压力和温度过高,可燃混合气在没有被点燃的情况下自行燃烧,且火焰以高于正常燃烧数倍的速度向外传播,造成尖锐的敲击声,其会使发动机过热、功率下降、燃油消耗量增加、机件损坏及 NO_x 排放量增加等。

3. 做功行程

做功行程包括燃烧过程和膨胀过程,在这一行程中,进气门和排气门仍然处于关闭状态。当活塞位于压缩行程接近上止点时，火花塞发出电火花点燃可燃混合气，可燃混合气迅速燃烧后产生大量的热使气缸内的气体温度和压力急剧升高，最高压力可达 3~5 MPa，温度可达 2 200~2 800 K。高温高压的气体膨胀，推动活塞从上止点向下止点运动，并通过连杆使曲轴旋转且输出做功，除了用于维持发动机本身继续运转外，其余用于对外做功。随着活塞继续向下运动，气缸内的容积增加，气体的压力和温度降低，当活塞运动到下止点时，做功行程结束，此时气体压力降低到 0.3~0.5 MPa，温度降低到 1 500~1 700 K。

4. 排气行程

可燃混合气燃烧后形成的废气必须从气缸中排出去，以便进行下一个进气行程。在做功行程接近终了时，排气门开启，进气门仍然关闭，靠废气的压力先进行自由排气，当活塞到达下止点并向上止点运动时，继续把废气强制排放到大气中去，在活塞越过上止点后，排气门关闭，排气行程结束。

实际上，在汽油机的排气行程中，排气门提前打开、延迟关闭，以便排出更多的废气。由于燃烧室容积的存在，不可能将所有的废气排出气缸，而且受排气阻力的影响，在排气终了时气体压力仍高于大气压力，一般为 0.105~0.125 MPa，温度为 900~1 200 K。曲轴继续旋转，带动活塞从上止点向下止点运动，又开始了下一个循环过程，如此周而复始，发动机即保持自行运转。

二、任务实施

发动机总成的拆卸。

1. 项目说明

发动机大修，必须将发动机总成从汽车上拆下来，然后再将发动机固定在台架上进行检修。首先关闭点火开关，拆下蓄电池负极接线，然后拆除所有与发动机连接的导线、气管、油管、水管及各个螺栓等，最后将发动机从汽车上拆卸下来。

2. 技术标准与要求

（1）两个学员配合能在 30 min 内完成此项目。

（2）技术标准。

发动机悬置，拧紧力矩如图 2-11 所示。

3. 设备器材

（1）新爱丽舍轿车。

（2）常用工具。

（3）专用工具。

轮毂固定工具 6310-T，胶管卡箍拆装钳 9029-T，发动机吊杆 2517-T。

4. 作业准备

（1）清洁场地，检查举升机。

（2）将车辆开进工位，铺上护套，检查举升位置。

（3）常用工具、专用工具及冷却液等物品的准备。

（4）准备作业单。

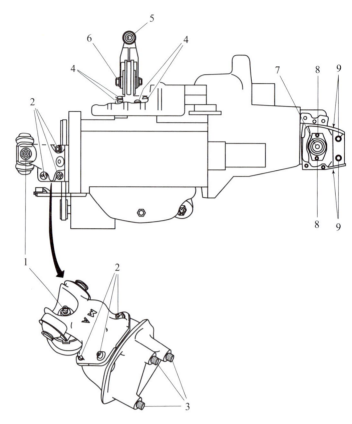

发动机右支架：

标记	拧紧力矩/（N·m）
1（*）	45±4
2	60±6
3	45±4

注意：（*）使用G7润滑脂。

发动机下支架：

标记	拧紧力矩/（N·m）
4	40±4
5	60±6
6	54±8

变速箱上的发动机左支架：

标记	拧紧力矩/（N·m）
7（*）	68±6
8	30±3
9	45±6

注意：（*）使用G7润滑脂。

图2-11 发动机悬置的拧紧力矩

5. 操作步骤

（1）如图 2-12 所示，断开蓄电池，举升并固定汽车，让前轮悬空。放空冷却液，拆卸空调压缩机，并将其绑在车身上。

图 2-12　断开蓄电池

（2）拆卸蓄电池 4、蓄电池盒 5、电控单元的插头 3、空气滤清器盒 6、进气管颈 2、进气软管的卡箍 1、暖风水管、通风软管 7，如图 2-13 所示。

图 2-13　拆卸空气滤清

1—卡箍；2—进气管颈；3—插头；4—蓄电池；5—蓄电池盒；
6—空气滤清器盒；7—通风软管

（3）拆卸蓄电池支架螺栓 1 和支架 2，如图 2-14 所示。

（4）依次拆卸搭铁线缆 1、离合器拉索 2、倒挡开关 3 和变速器操作杆 4，如图 2-15 所示。

（5）脱开散热器进水胶管及出水胶管，如图 2-16 所示。

（6）分别拆卸炭罐管、空气循环胶管、真空助力管和惯性开关，如图 2-17 所示。

（7）从发动机右支架上拆下电缆和胶管托架，并利用释压阀降低喷嘴供油通道的压力，拆卸供油管，如图 2-18 所示。

图 2-14　拆卸支架及螺栓

1—螺栓；2—支架

图 2-15　拆卸变速器处各连接件

1—搭铁线缆；2—离合器拉索；
3—倒挡开关；4—变速器操作杆

图 2-16　拆卸进、出水胶管

图 2-17　拆卸真空助力管

图 2-18　拆卸供油管

（8）拆下助力转向供油管固定压板螺栓和隔热板，利用胶管卡箍拆装钳拆下胶管，并封堵管口，如图 2-19 所示。

图 2-19　拆卸胶管卡箍

（9）拆卸线束支架、水温传感器、氧传感器、点火线圈插头、水管、插头及水管卡箍，如图 2-20 和图 2-21 所示。

图 2-20　拆卸水温传感器插头

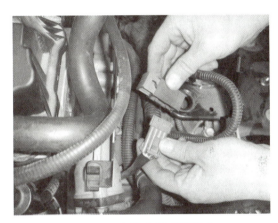

图 2-21　拆卸氧传感器插头

（10）拆卸发动机下护板，如图 2-22 所示。

图 2-22　拆卸下护板

（11）拆卸发动机下支架螺母，如图 2-23 所示。

图 2-23　拆卸发动机下支架螺母

（12）拆卸隔热板的 2 个固定螺母、催化器压板的 4 个固定螺母及离合器壳体上的前排气管固定螺栓，取下催化器和前排气管，如图 2-24 所示。

（13）用发动机吊杆 2517-T 悬挂发动机，如图 2-25 所示。

图 2-24　拆卸前排气管

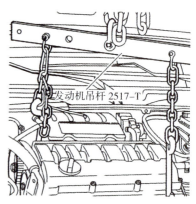

图 2-25　悬挂发动机

（14）拆卸发动机左支架的螺母和垫圈及 2 个支架螺栓，拆卸发动机左支架，如图 2-26 所示。

图 2-26　拆卸发动机左支架

（15）拆卸右支架上的管线、加强杆、螺母、螺栓，拆卸右支架（见图 2-27），并从车下拆卸发动机和变速器总成。

图 2-27　拆卸右支架

6. 记录与分析（见表 2-1）

表 2-1　发动机总成拆卸作业记录单

姓名		班级		学号		组别	
车型		发动机型号		作业单号		作业日期	
项目				操作情况			
驾驶室内和汽车前部防护							
关闭点火开关，拆卸蓄电池负极线及周围连接							
排冷却液及各处水管的连接							
各通气管、助力油管、燃油管、线束插头的拆卸							
发动机下支撑、催化器及前排气管的拆卸							
用吊杆悬挂发动机							
拆除发动机左、右支架							
拆卸发动机总成							
结论							
建议处理意见							

学习任务 3
曲柄连杆机构结构与拆装

某型轿车行驶近 300 000 km，客户反映该车发动机动力不足，燃料及润滑料消耗增加，排气管冒烟严重。进入 4S 店进行车辆检查，初步判定是由该车气缸、活塞及活塞环磨损严重所致，发动机需进行大修。

通过本任务学习，应能：
1. 分析曲柄连杆机构的运动和受力；
2. 叙述曲柄连杆机构的组成、结构与工作原理；
3. 进行曲柄连杆机构的拆装。

一、知识准备

曲柄连杆机构是发动机完成工作循环、实现能量转换的传动机构，其功用是将燃气作用在活塞顶上的力转变为曲轴旋转运动的转矩，对外输出动力。在发动机工作过程中，燃料燃烧产生的气体压力直接作用在活塞顶部，推动活塞做往复直线运动，并经活塞销、连杆和曲轴，将活塞的往复直线运动转换为曲轴的旋转运动。其动力大部分经曲轴后端的飞轮输出，传给传动系统乃至行驶系使车辆运动，另一小部分通过曲轴前端齿轮或带轮用于驱动发动机其他机构和系统。

曲柄连杆机构由气缸体与曲轴箱组、活塞连杆组和曲轴飞轮组组成。

（一）气缸体与曲轴箱组

气缸体与曲轴箱组是发动机的骨架，是发动机各机构和系统的安装基础，其内、外安装着发动机的主要零件和附件，承受着各种载荷。气缸体与曲轴箱组主要由气缸体、气缸盖、曲轴箱、气缸套、气缸垫和油底壳等机件组成。

1. 气缸体

（1）气缸体的功用。

气缸体是发动机各个机构和系统的装配基础，由它来保证发动机各运动机件相互之间的准确位置关系。

二维码 3-1：气缸体用灰铸铁材料介绍视频

二维码 3-2：气缸体结构介绍视频

（2）气缸体的结构。

气缸体一般用灰铸铁或铝合金铸成。目前发动机多采用铝合金气缸体。

气缸体上半部有一个或若干个为活塞在其中运动导向的圆柱形空腔，称为气缸。下半部为支承曲轴的曲轴箱，其内腔为曲轴运动的空间。机体大部分壁厚均为铸造工艺允许的最小壁厚，在机体的前后壁和缸间横隔板上铸有支承曲轴的主轴承座以及满足润滑所需要的纵横油道。

（3）气缸体的类型。

1）按气缸体与油底壳安装平面的位置不同分为一般式气缸体、龙门式气缸体和隧道式气缸体，如图 3-1 所示。

2）按气缸的排列方式分为直列式气缸体、V 型气缸体和对置式气缸体，如图 3-2 所示。

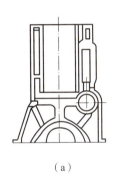 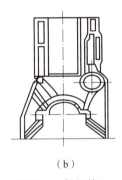 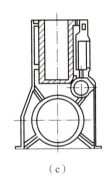
（a） （b） （c）

图 3-1 气缸体

(a) 一般式气缸体；(b) 龙门式气缸体；(c) 隧道式气缸体

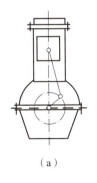 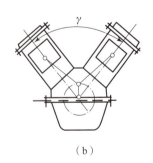 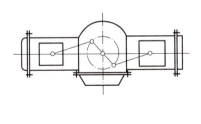
（a） （b） （c）

图 3-2 气缸体排列形式

(a) 直列式气缸体；(b) V 型气缸体；(c) 对置式气缸体

二维码 3-3：气缸体排列形式视频

二维码 3-4：大众龙门式气缸体的结构特点

2. 气缸套

气缸内表面由于受高温高压燃气的作用并与高速运动的活塞接触而极易磨损。为提高气缸的耐磨性和延长气缸的使用寿命，有些发动机镶嵌气缸套。气缸套的形式有两种：干气缸套、湿气缸套。其特点和示意图如表 3-1 所示。

二维码 3-5：气缸套视频

表 3-1 气缸套特点和示意图

名称	特点	示意图
干气缸套	外壁不直接与冷却水接触，壁厚 1~3 mm。它的强度和刚度较好，但加工比较复杂，内、外表面都需要精加工，拆装不方便，散热不良	
湿气缸套	外壁直接与冷却水接触，壁厚 5~9 mm。它散热好，冷却均匀，加工容易，通常只加工内表面，而与水接触的外表面不需要加工，拆装方便，但强度和刚度较差，容易产生漏水现象	

3. 气缸盖

（1）气缸盖的功用。

气缸盖的功用是封闭气缸上部并与气缸和活塞顶部共同构成燃烧室。

（2）气缸盖的结构。

气缸盖内部有与气缸体相通的冷却水套，并应有进、排气门座及气门导管孔和进、排气通道等，如图 3-3 所示。汽油机的气缸盖上设有火花塞孔。

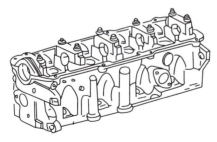

图 3-3 发动机气缸盖

二维码 3-6：大众气缸盖结构认识视频

（3）气缸盖的材料。

目前汽油机气缸盖常采用铝合金铸造，铝的导热性比铸铁好，有利于提高压缩比，但其刚度低，使用中容易发生变形。

气缸盖用螺栓紧固在气缸体上。在拧紧螺栓时，必须按照维修手册规定的顺序紧固。多数发动机气缸盖的螺栓按照由中央对称地向四周扩展的顺序分2~3次进行，最后一次要用扭力扳手按原厂规定的拧紧力矩值拧紧，如图3-4所示。拆卸顺序和紧固顺序相反。若气缸盖为铝合金材料，则必须在发动机冷状态下拧紧，这样在热状态下会增加密封的可靠性，这是因为铝合金气缸盖的膨胀比钢螺栓大；而铸铁气缸盖必须在发动机热状态时拧紧，这是因为铸铁气缸盖的膨胀比钢螺栓小。

二维码3-7：上汽大众EA111
发动机气缸盖的拆卸视频

二维码3-8：上汽大众EA111
发动机气缸盖的装配视频

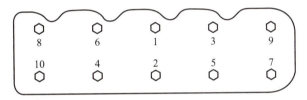

图3-4　气缸盖螺栓紧固顺序

（4）燃烧室的类型。

汽油机燃烧室分为楔形燃烧室、盆形燃烧室、半球形燃烧室、扁球形燃烧室和蓬形燃烧室，如图3-5所示。

4. 气缸垫

（1）气缸垫的功用。

气缸垫的功用是防止发动机机油、冷却液和高压气体泄漏。

（2）气缸垫的结构。

气缸垫分为金属—石棉衬垫、金属—复合材料衬垫、全金属衬垫等多种。目前多采用全金属衬垫，如图3-6所示。

在国外一些汽车的发动机上开始使用耐热密封胶取代传统的气缸垫，这种发动机对气缸盖和气缸体接合面的平面度要求极高。

在安装气缸垫时，应注意其安装方向。可根据标记或文字要求进行安装，如衬垫上的文字标记"TOP""OPEN"表示朝上，标记"FRONT"表示朝前等。

二维码3-9：汽油机
燃烧室视频

二维码3-10：气缸垫
的结构组成视频

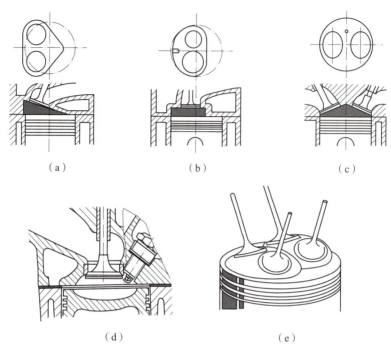

图 3-5 燃烧室的类型

（a）楔形燃烧室；（b）盆形燃烧室；（c）半球形燃烧室；（d）扁球形燃烧室；（e）蓬形燃烧室

图 3-6 全金属衬垫

5. 油底壳

（1）油底壳的作用。

油底壳的作用是储存发动机润滑油并封闭曲轴箱，如图 3-7 所示。

图 3-7 油底壳

（2）油底壳的结构。

油底壳受力很小，一般用薄钢板冲压而成，有一些铝合金油底壳还带有散热片。为了保证在发动机纵向倾斜（汽车上坡）时机油泵能正常吸到润滑油，油底壳后部一般做得比较深。油底壳内部还设有稳油挡板，以防止汽车振动时油面波动过大。在油底壳底部装有放油螺塞，有的放油螺塞是带有磁性的，能吸收润滑油中的金属屑，以减少发动机运动零件的磨损。为了防止漏油，在曲轴箱与油底壳之间装有软木衬垫，也有的涂密封胶。

二维码 3-11：油底壳的结构视频　　二维码 3-12：油底壳的拆卸视频　　二维码 3-13：油底壳的装配视频

5. 发动机的支撑

发动机通过气缸体和飞轮壳或变速器壳支撑在车架上。

发动机的支撑方法分为三点支撑和四点支撑两种，如图 3-8 和图 3-9 所示。

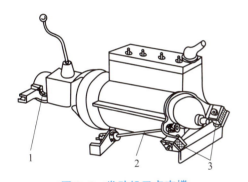 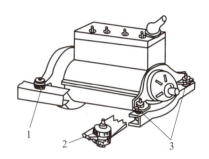

图 3-8　发动机三点支撑　　　　　　　　　　　图 3-9　发动机四点支撑

1—后支撑；2—拉杆；3—前支撑　　　　　　　1—后支撑；2—橡胶垫圈；3—前支撑

（1）三点支撑。三点支撑可布置成前二后一或前一后二。

（2）四点支撑。四点支撑时，前后各有两个支撑点。

为了消除在汽车行驶中车架的扭转变形对发动机的影响，以及减少发动机传给底盘与乘员的振动和噪声，发动机在车架上的支撑是弹性的。弹性支撑的发动机在运转时，可能发生横向角振动，因此与发动机相连的各种管子和杆件等的结构必须保证在发动机产生振动时不致破坏它的正常工作，如采用软管等。为了防止汽车制动或加速时由于弹性元件的变形而产生的发动机纵向位移，有时装有专门的拉杆，其一端与车架纵梁相连，另一端与发动机连接，两端的连接处均有弹性橡胶垫。

（二）活塞连杆组

活塞连杆组的作用是将活塞的往复运动转变为曲轴的旋转运动，同时将作用于活塞上的力转变为曲轴对外输出的转矩，以驱动汽车车轮转动。活塞连杆组主要由活塞、活塞销、活塞环和连杆等机件组成，如图 3-10 所示。

1. 活塞

（1）活塞的作用。

活塞的功用是承受气缸中气体压力所造成的作用力，并将此力通过活塞销传给连杆，推动曲轴旋转（做功行程）。活塞顶部还与气缸盖和气缸壁共同组成燃烧室。

（2）活塞的材料及特点。

目前汽车发动机广泛采用铝合金活塞，其特点是质量小（为同样结构的铸铁活塞的 50%～70%），导热性好（约为铸铁的 3 倍），但热膨胀系数大，温度和硬度下降较快。一般在结构设计、机械加工或热处理等方面采取弥补措施。

（3）活塞的构造。

二维码 3-14：活塞连杆组结构认识视频

二维码 3-15：活塞的结构组成视频

图 3-10　活塞连杆组的组成

1、2—气环；3—组合油环；
4—活塞销；5—活塞；6—连杆；
7—连杆螺栓；8—连杆轴承；
9—连杆盖

活塞的基本构造包括顶部、头部（或环槽部）、裙部和活塞销座四部分，如图 3-11 所示。

图 3-11　活塞的基本结构

1）活塞顶部。

活塞顶部是燃烧室的组成部分，用来承受气体的压力，其形状与选用的燃烧室形式有关，如图 3-12 所示。为了提高活塞的刚度和强度，并加强散热能力，背面常设计有加强筋。汽油发动机活塞顶部多采用平顶，其优点是吸热面积小、制造工艺简单；有些汽油机为了改善混合气的形成和燃烧而采用凹顶活塞，或设计凹顶的目的是防止气门碰撞活塞；设计凸顶活塞是为了组成半球形燃烧室和增强挤气涡流。柴油机的活塞顶部常设有各种各样的凹坑，其形状、位置和大小都必须与柴油机混合气的形成或与燃烧要求相适应。

有的活塞顶部打有箭头"←"或在顶部的边缘上制有小凹坑，这是装配记号，在装配时箭头或凹坑应指向发动机的前端。

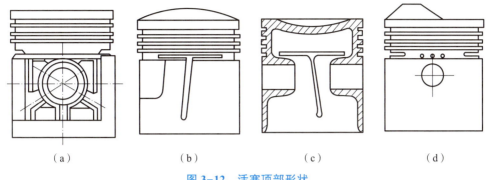

图 3-12　活塞顶部形状

(a) 平顶；(b) 凸顶；(c) 凹顶；(d) 成型顶

2）活塞头部。

活塞头部是最下边一道活塞环槽以上的部分，主要作用是安装活塞环。

活塞的头部切有若干道用以安装活塞环的环槽。汽油发动机活塞一般有 3~4 道环槽，上面 2~3 道用于安装气环，下面 1 道用于安装油环。在油环槽底面上钻有许多径向小孔，使被油环从气缸壁上刮下来的多余润滑油得以从这些小孔流回油底壳。第 1 道环槽工作条件最恶劣，一般应离顶部较远一些。

活塞头部一般做得较厚，以便于热量从活塞顶经活塞环传到气缸的冷却壁面上，从而防止活塞顶部温度过高。有的发动机活塞在第 1 道环槽上切出一道较环槽窄的隔热槽，它的作用是隔断从活塞顶部流下来的部分热流通路，迫使热流方向折转，把原来应由第 1 道活塞环槽散走的热量分散给第 2、3 道活塞环，以消除第 1 道环槽因过热产生积炭和卡死的可能性。

活塞环槽的磨损是影响活塞使用寿命的主要因素。在强化程度较高的发动机中，第 1 道环槽温度较高，磨损严重。为了增强环槽的耐磨性，通常在第 1 道或第 1、2 道环槽处镶嵌耐热护圈，如图 3-13 所示。

3）活塞裙部。

活塞裙部是指从油环槽下端面起至活塞底面的部分，其作用是为活塞在气缸内的往复运动导向及承受侧压力。因此裙部要有一定的长度，以保证可靠的导向；又要有足够的面积，以防止活塞对气缸壁的单位面积压力过大，破坏润滑油膜、加大磨损。

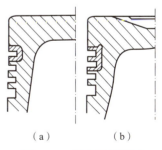

图 3-13　活塞环槽护圈

(a) 1 道护圈；(b) 2 道护圈

活塞在工作时会发生机械变形（气体压力和侧压力作用）和热变形（热容量作用），如图 3-14 所示。为了使活塞在正常工作温度下与气缸壁之间保持比较均匀的间隙，以免活塞在气缸内卡死或引起局部磨损，必须预先在冷状态下把活塞加工成其裙部断面为长轴垂直于活塞销座方向的椭圆形。为了减少活塞销座附近处的热变形量，有的活塞将其销座附近的裙部外表面制成下陷 0.5~1.0 mm。此外，由于活塞沿轴线方向质量与温度分布的不均匀性，各断面的热膨胀量为上大下小，为了使活塞在热状态下近似为圆柱形，必须预先把活塞制成上小下大的近似圆锥形。

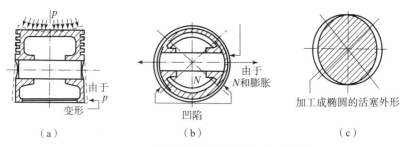

图 3-14 活塞裙部的椭圆形变形示意图
(a) 弯曲变形；(b) 挤压变形；(c) 裙部形状

有些活塞在其裙部还开有 T 形或 Π 形槽，如图 3-15 所示。设置横槽是为了切断从活塞头部向裙部传输热流的部分通道，以减少对裙部的传热，从而使裙部的热膨胀量减少。设置纵槽是为了使裙部具有弹性，使其在冷态下的装配间隙可以尽可能小，而在热态下又因切槽的补偿作用使活塞不至于在气缸中卡死。纵槽一般不开到裙底，也不与活塞底面垂直，在装配时应注意使纵槽位于活塞工作中受侧压力较小的一面。

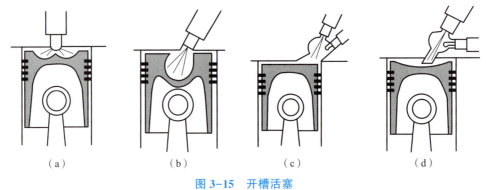

图 3-15 开槽活塞
(a) T 形槽；(b) Π 形槽

还有的活塞，为了减少活塞的热膨胀量，在活塞销座中镶铸热膨胀系数低的"恒范钢片"，用以牵制裙部的热膨胀，如图 3-16 所示。而铸铝活塞的裙部有的镶铸圆筒式钢片，如图 3-17 所示；有的镶复式钢片——裙部上方受侧压力大的一面镶两片比较矮的弓形钢片，销座位置铸入相应于裙部圆周形状的钢片。活塞裙部采取上述结构措施后，便可使其与气缸壁之间的冷态装配间隙减小。

目前，在汽车发动机上广泛采用半拖鞋式裙部或拖鞋式裙部的活塞，如图 3-18 所示。前提是在保证裙部有足够承压面积的条件下，将不承受侧压力一侧的裙部切去一部分，即为半拖鞋式裙部；若全部切去则为拖鞋式裙部。

4) 活塞销座。

在活塞裙部制有活塞销座孔，其作用是安装活塞销，并将活塞顶部的气体作用力经活塞销传给连杆。活塞销座通常有加强筋与活塞内壁相连，以提高其刚度。为了限制活塞销的轴向窜动，大部分活塞在销座孔内接近外端面处车有卡环槽，用以安装卡环，两卡环之间的距离大于活塞销的长度，使卡环与活塞销的端面之间留有足够的间隙，以防止冷却过程中活塞的收缩大于活塞销的收缩而将卡环顶出。

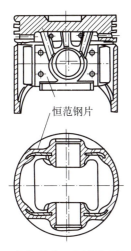

图 3-16 裙部铸有"恒范钢片"的活塞

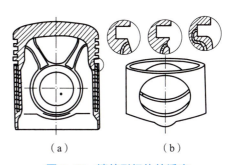

图 3-17 镶筒形钢片的活塞
(a) 筒形钢片镶嵌位置；(b) 筒形钢片形状

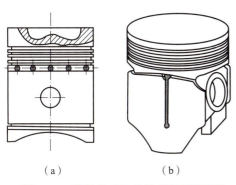

图 3-18 半拖鞋式和拖鞋式裙部的活塞
(a) 半拖鞋式；(b) 拖鞋式

发动机活塞销座轴线与活塞的中心线垂直相交，当在发动机工作过程中活塞由上止点改变运动方向时，由于侧压力瞬时换向，使活塞与气缸壁的接触面突然由一侧平移至另一侧，如图 3-19（a）所示，这样便产生了活塞对气缸壁的敲击，称为活塞敲缸。所以一些高速发动机的活塞销座孔中心线向做功行程中受侧压力较大的一侧偏移 1~2 mm，如图 3-19（b）所示。把活塞销偏移布置，可使活塞较为平稳地从压向气缸的一侧过渡到另一侧，而且过渡时刻早于达到最高燃烧压力的时刻，可以减轻活塞的敲缸，减小噪声，以改变发动机工作的平顺性。但这种活塞销偏置结构会使活塞裙部两端的尖角负荷增大，即接触面积小、单位压力大，容易导致油膜破坏，从而加剧这些部位的磨损或变形。

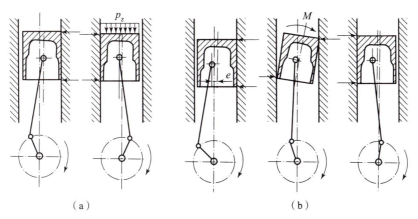

图 3-19 活塞销偏置时的工作情况
(a) 活塞销对中位置；(b) 活塞销偏移布置

2. 活塞环

（1）活塞环的分类。

活塞环是中间断开的弹性金属环，可分为气环和油环两种，如图3-20所示。活塞环在高温、高压、高速及润滑极差的条件下工作，是发动机所有零件中最容易磨损的。

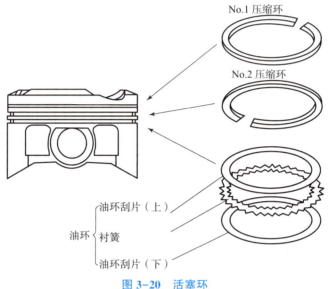

图3-20　活塞环

（2）活塞环的材料。

活塞环的材料为合金铸铁，表面经耐磨处理。活塞环要具有良好的耐热性和耐磨性，并应有较高的强度和冲击韧性。

第1道气环的工作表面一般都镀有多孔性铬，硬度高并能储存少量润滑油，可以改善润滑条件，提高使用寿命。其余气环一般镀锡或磷化，以改善磨合性能，也可用喷钼来提高耐磨性。此外，在国外已开始使用用粉末冶金金属陶瓷和聚四氟乙烯制造的活塞环。

（3）活塞环的作用、工作原理与结构。

1）气环

①气环的作用。气环用于密封气缸中高温、高压的燃气，防止燃气漏入曲轴箱，同时将活塞头部70%~80%的热量传给气缸壁。

②气环的密封原理。气环在自由状态下，其外径略大于气缸的直径，如图3-21所示。气环装入气缸后，因压缩产生弹力，在弹力的作用下，使其紧贴在气缸壁上。当发动机工作时，高压气体的压力更加强了活塞环的密封作用。

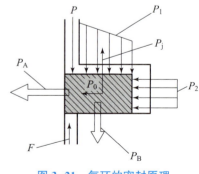

图3-21　气环的密封原理

③气环的结构。常见的气环结构有以下几种，如图3-22所示。

矩形环：断面为矩形，结构简单，制造方便，导热效果好，但这种气环的泵油作用明显。

气门杆呈圆柱形,在气门导管中不断进行往复运动。气门头部的热量是直接通过气门座及气门杆,经过气门导管而传到气缸盖的,故圆柱表面需经过热处理和磨光,要求气门杆与气门导管有一定的配合精度和耐磨性。杆身尾端的形状决定了弹簧座的固定方式,最常用的固定方式是采用锥形锁夹,采用锁夹的气门杆身尾端有凹槽,两半圆锥形锁夹放入凹槽内,弹簧座的锥形内表面将锁夹卡住。另一种固定方式是采用锁销,采用锁销的气门杆身尾端有销孔,利用插在销孔内的锁销来支撑弹簧座,而弹簧座的边缘又可阻止锁销松脱,如图 4-18 所示。

二维码 4-5:安装气门

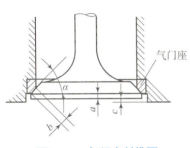

图 4-17 气门密封锥面

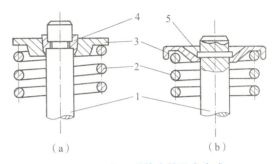

图 4-18 气门弹簧座的固定方式

(a) 锁片固定;(b) 锁销固定

1—气门杆;2—气门弹簧;3—气门弹簧座;
4—锁片;5—锁销

2. 气门导管

气门导管主要为气门的往复直线运动起导向作用,使气门与气门座准确贴合。另外,气门导管还在气门杆与气缸盖之间起导热作用。气门导管一般用铸铁、球墨铸铁或铁基粉末冶金制造。气门导管一般为圆柱形,内外表面经加工后压入气缸盖的导管孔中。为防止气门导管由于配合的过盈量太小而滑落到气缸中,通常情况下在露出气缸盖的部分嵌有卡环,以防止导管下落,如图 4-19 所示。

3. 气门弹簧

气门弹簧的功用是使气门迅速回位、保持密封,并防止气门在开启和关闭过程中因运动机件的惯性而产生彼此脱落现象。气门弹簧一般为圆柱形螺旋弹簧,如图 4-20(a)所示,常采用高碳锰钢或铬钒钢加工而成。

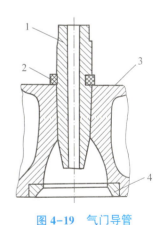

图 4-19 气门导管和气门座

1—气门导管;2—卡环;
3—气缸;4—气门座

二维码 4-6:拆卸气门锁片和气门弹簧

二维码 4-7:安装气门弹簧

二维码 4-8:安装气门锁片

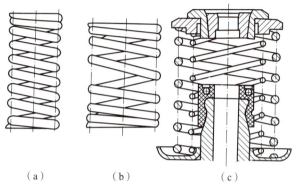

（a） （b） （c）

图 4-20 气门弹簧

气门弹簧的一端支撑在气缸盖上，另一端则压靠在气门杆身尾端的弹簧座上，弹簧座用锁片或锁销固定在气门杆身的尾端。为了防止弹簧发生共振，常采取以下措施：

（1）提高弹簧的自然振动频率，即提高气门弹簧的自身刚度。

（2）采用不等螺距的圆柱形弹簧。这种弹簧在工作时，螺距小的一端逐渐叠合，有效圈数逐渐减少，自然频率逐渐提高，从而使共振不会发生，如图 4-20（b）所示。不等螺距气门弹簧在安装时，螺距小的一端应朝向气门头部。

（3）采用双气门弹簧。在一些高速发动机上，通常在一个气门上同心安装两只直径不同、旋向相反的内外弹簧，这样能提高气门弹簧的工作可靠性，防止共振的产生，如图 4-20（c）所示。而且在工作过程中，若一根弹簧折断，另一根还可维持工作，不致使气门落入气缸中。

为了改善气门和气门座密封面的工作条件，可设法使气门在工作中能相对气门座缓慢旋转，如图 4-21 所示。在图 4-21（a）中，气门锁片并不直接与弹簧座接触，而是装在一个锥形套筒中，后者的下端支撑在弹簧座平面上，套筒端部与弹簧座接触面上的摩擦力不大，而且在发动机运转振动力作用下，在某一短时间内可能为零，这就使气门有可能自由地做不规则运动。而有的发动机采用图 4-21（b）所示的强制旋转机构，这种机构使气门每开启一次便转过一定的角度。

工作原理：在壳体 4 中，有 6 个变深度的槽，槽中装有带回位弹簧 5 的钢球 6。当气门关闭时，气门弹簧的力通过支撑板 2 与蝶形弹簧 3 直接传到壳体 4 上。当气门升起时，不断增大的气门弹簧将蝶形弹簧压平而迫使钢球沿着凹槽的斜面滚动，带着蝶形弹簧、支撑板、气门弹簧和气门一起转过 $\Delta\alpha$ 角。在气门关闭过程中，蝶形弹簧的载荷减小而恢复原状，钢球即在回位弹簧 5 的作用下回到原来位置。

4. 气门座

进、排气道口与气门密封锥面直接贴合的部位称为气门座，其作用是与气门头部一起对气缸起密封作用，同时接收气门头部传来的热量，对气门进行散热。

气门座可以直接在铸铁气缸盖上镗出，也可以用较好的材料（合金铸铁、奥氏体钢等）单独制作，称为气门座圈，然后镶嵌在气缸盖上。镶嵌式气门座的导热性差，加工精度要求高。若气门座圈的公差配合不当，则发动机工作时镶嵌的座圈容易脱落，导致重大事故。因

二维码 4-9：气门座

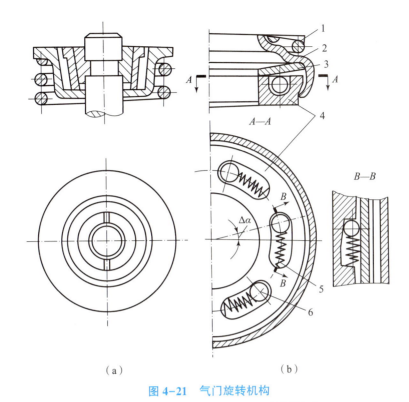

图 4-21 气门旋转机构

(a) 低摩擦型自由旋转机构；(b) 强制旋转机构
1—气门弹簧；2—支撑板；3—碟形弹簧；4—壳体；5—回位弹簧；6—钢球

此，当在气缸盖直接加工出来的气门座能满足工作性能要求时，最好不用镶嵌式气门座。

气门座的锥角由三部分组成，如图 4-22（a）所示，其中 45°（30°）的锥面与气门密封锥面贴合。一般情况下要求密封锥面的贴合宽度 b 为 1~3 mm，以保证一定的贴合压力，使密封可靠，同时又有一定的导热面积。15°和75°的锥面用来调整工作锥面的宽度和上下位置。

在有些发动机上，气门锥角比气门座锥角小 0.5°~1°，该角称为密封干涉角，它有利于在磨合期加速磨合。当磨合期结束，干涉角会逐渐消失，如图 4-22（b）所示。

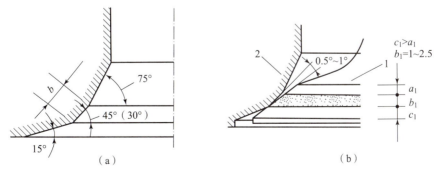

图 4-22 气门座锥角与密封干涉角
1—气门；2—气门座

5. 气门油封

气门在气门导管中运动时，其杆身靠配气机构飞溅出来的润滑油润滑。为了防止过多的润滑油从气门杆身与气门导管的间隙处流入燃烧室，造成润滑油消耗和燃烧室积炭，大多数顶置式气门在气门杆身上部都装有挡油罩，且在气门导管上部装有气门油封。

（六）气门传动组

气门传动组主要包括凸轮轴及正时齿轮、挺柱及导管、推杆、摇臂及摇臂轴等。其功用是使进、排气门能按配气相位规定的时刻开启和关闭，并保证有足够的开度。

1. 凸轮轴

（1）凸轮轴用来控制各气缸进、排气门按照发动机的工作顺序和配气相位及时开、闭，并保证气门有足够的升程。在凸轮轴上有各气缸的进、排气凸轮，有的凸轮轴上还有驱动分电器与机油泵的螺旋齿轮和驱动汽油泵的偏心轮，如图 4-23 所示。为减小系统质量，有些发动机（如捷达 EA113 型五气门发动机）采用了空心凸轮轴，如图 4-24 和图 4-25 所示。

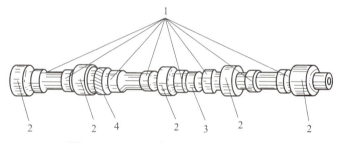

图 4-23　四缸四冲程汽油机凸轮轴结构

1—凸轮；2—凸轮轴轴颈；3—驱动汽油泵的偏心轮；4—驱动分电器和机油泵的螺旋齿轮

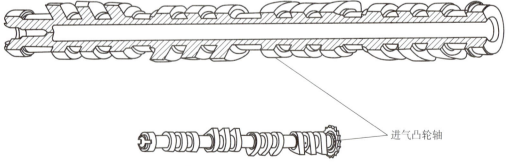

图 4-24　空心进气凸轮轴

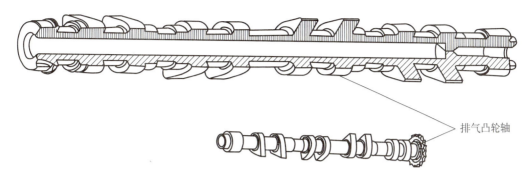

图 4-25　空心排气凸轮轴

凸轮轴一般用优质钢模锻而成，也可采用合金铸铁或球墨铸铁铸造；凸轮和轴颈的工作表面一般经热处理后精磨，以改善其耐磨性；凸轮轴要求有足够的韧性和刚度。

（2）凸轮的轮廓曲线。

凸轮的轮廓应能保证气门开启和关闭的持续时间符合配气相位的要求，并使气门有一定的升程。气门开启与关闭过程的运动规律取决于凸轮的轮廓曲线，不同的发动机采用不同的凸轮线型。

图 4-26 所示为凸轮的轮廓形状，O 点为凸轮的旋转中心，$\overparen{EA}$ 圆弧为凸轮的基圆。当凸轮按图 4-26 所示箭头方向逆时针转动，$\overparen{EA}$ 圆弧滑过挺柱时，如图 4-27（a）所示，此时挺柱不动，气门处于关闭状态。当凸轮转至 A 点时，挺柱（液压挺柱除外）开始上移，至 B 点处气门间隙消除，气门开始开启，如图 4-27（b）所示。当凸轮转至 C 点时，气门开度达到最大，如图 4-27（c）所示。凸轮转过 C 点后气门开度逐渐减小，至 D 点气门完全关闭。此后，挺柱下移，气门间隙开始恢复，至 E 点气门间隙完全恢复。φ 对应着气门开启持续角，ρ_1 与 ρ_2 是消除和恢复气门间隙所需要的凸轮转角。凸轮轮廓曲线 BCD 段的形状和尺寸决定了气门的升程及其开启的运动规律。

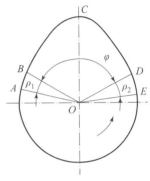

图 4-26　凸轮的轮廓曲线

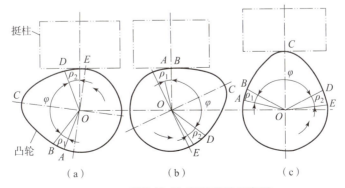

图 4-27　凸轮转动与挺柱移动示意图

(a) 凸轮轴；(b) 各凸轮的相对角位置；(c) 排（或进）气凸轮投影

凸轮轮廓曲线是对称的，在凸轮轮廓与基圆结合处设有一小段缓冲段，以减小气门在开启和关闭时的冲击，从而减小噪声和磨损。

（3）凸轮的相对角位置。

同一气缸的进、排气凸轮称为异名凸轮。四冲程发动机的排气行程和进气行程是相连的两个行程，若气门不存在早开迟闭的情况，则从排气门开启到进气门开启，曲轴正好转过180°，对应凸轮轴两异名凸轮之间的夹角为90°。但由于配气相位的存在，而且排气提前角γ（40°~80°）大于进气提前角α（10°~30°），所以从排气门开启到进气门开启，对应的曲轴转角大于180°，对应的凸轮轴上两异名凸轮之间的夹角略大于90°，如图4-28（c）所示。

凸轮轴上各气缸的进气凸轮或排气凸轮称为同名凸轮。从凸轮轴的前端来看，各气缸同名凸轮的相对位置按发动机工作顺序逆凸轮轴转动方向排列，夹角为做功间隔角的1/2。如四缸发动机同名凸轮间夹角为180°/2=90°，如图4-28（b）所示；六缸发动机同名凸轮间夹角为60°。

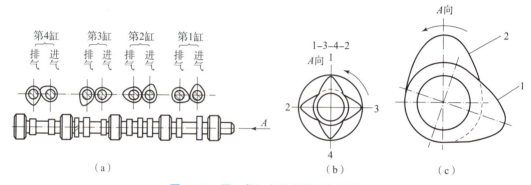

图4-28 同一气缸各凸轮相对角位置

(a) 四缸发动机凸轮轴及凸轮；(b) 同名凸轮相对角位置；(c) 异名凸轮相对角位置

（4）凸轮轴轴承及润滑。

为了减小凸轮轴的变形，发动机凸轮轴的支承形式一般有两种：一种是全支承形式，如图4-23所示；另一种为每两个气缸设一个轴颈支承的形式，为非全支承形式。凸轮轴若为中置或下置，则凸轮轴的轴承多采用压入气缸体轴承孔中的衬套；凸轮轴若为顶置，则一般不采用衬套，其轴颈直接与气缸盖上镗出的轴承孔配合。

凸轮轴的轴承和轴颈采用压力润滑，在气缸体或气缸盖上钻有油道与轴承相通。凸轮与挺柱之间采用飞溅润滑。有些发动机摇臂的润滑是从凸轮轴轴承处把润滑油通过气缸体和气缸盖上的油道输送到摇臂轴上。为防止供油过多，在相应的轴颈上制有两条互不相通的弧形节流槽6，如图4-29所示。为防止润滑油压开油堵4而漏油，在最后一道轴颈上钻有泄油孔6。在第一道轴颈上钻有油孔7，用于润滑该轴颈的前端面（轴向止推面）。

（5）凸轮轴正时齿轮及凸轮轴轴向定位。

凸轮轴通常由曲轴通过一对正时齿轮驱动，传动比为2∶1。同时依据凸轮轴的位置来确定两个齿轮的传动形式，分别为直接啮合式、链条驱动式和齿形皮带驱动式。图4-30所示为直接啮合式正时齿轮的装配，必须将正时齿轮的记号对准，以保证正确的配气相位和发火时刻。

为了防止凸轮轴轴向窜动，凸轮轴必须有轴向定位装置，图 4-31 所示为 CA6102 型发动机凸轮轴轴向定位结构。止推凸缘 4 用钢制成，套在正时齿轮与凸轮轴第一道轴颈端面之间，凸缘两端用螺栓 5 固定在气缸体上，正时齿轮与凸轮轴颈之间装有隔圈 6，因隔圈比止推凸缘厚，故使止推凸缘与正时齿轮（或与凸轮轴第一轴颈侧面）有 0.08~0.20 mm 的间隙。此间隙可通过改变隔圈厚度进行调整。当凸轮轴产生轴向窜动时，止推凸缘便与凸轮轴轴颈端面或与正时齿轮轮毂接触，从而防止了轴向窜动。止推凸缘磨损后可以更换。

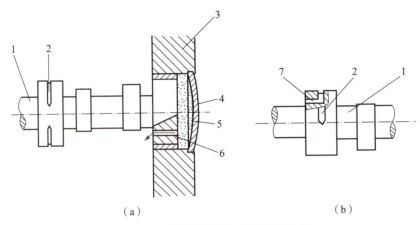

图 4-29 凸轮轴轴颈上的油槽与油孔

1—凸轮轴；2—节流槽；3—气缸体；4—油堵；5—空腔；6—泄油孔；7—油孔

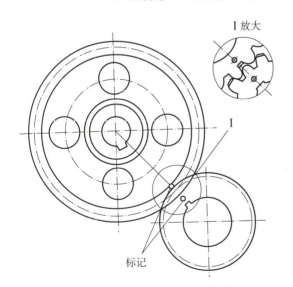

图 4-30 直接啮合式正时齿轮的装配

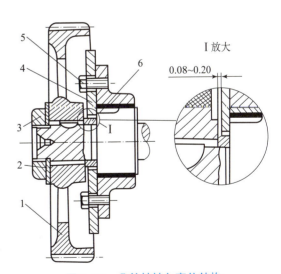

图 4-31 凸轮轴轴向定位结构

1—正时齿轮；2—锁紧垫圈；3—螺母；4—止推凸缘；5—止推凸缘固定螺栓；6—隔圈

2. 挺柱

挺柱的功用是将凸轮的推力传给推杆或气门，并承受凸轮轴旋转时所施加的侧向力。挺柱的底面与凸轮、挺柱的圆柱面与挺柱导向孔之间均为滑动摩擦，受到的摩擦力都较大。

（1）普通挺柱：常见的普通挺柱有筒式和滚轮式两种，如图 4-32 所示。筒式挺柱重量

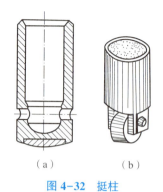

图 4-32 挺柱
(a) 筒式挺柱；(b) 滚轮式挺柱

较轻，其下端设有油孔，以便将漏入挺柱内的润滑油引到凸轮上进行润滑。滚轮式挺柱可以减小摩擦所造成的对挺柱的侧向力，但结构复杂，重量较大，一般多用在大缸径柴油机上。挺柱常用镍铬合金铸铁或冷激合金铸铁制造，其摩擦表面应经热处理后研磨。

有些发动机的挺柱直接装在气缸体或气缸盖上镗出的导向孔中，而有的发动机挺柱装在可拆式的挺柱导向体中，导向体固定在气缸体上，如图 4-33 所示。

为了使挺柱的底面与圆柱面磨损均匀，挺柱在运动时应能旋转。一般采取的措施是将凸轮与挺柱错开，使凸轮与挺柱底面的接触线和挺柱的中心线不对称，如图 4-34 所示。其目的

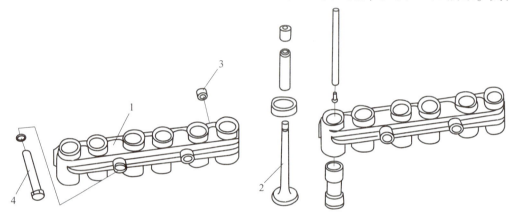

图 4-33 可拆式挺柱导向体
1—挺柱导向体；2—气门；3—定位环；4—螺栓

是产生一个使挺柱绕其中心线旋转的力矩。

(2) 液压挺柱：发动机在工作时，由于热膨胀造成的气门关闭不严的问题用预留气门间隙的方法来解决。但是由于气门间隙的存在，配气机构在工作时将产生冲击而发出响声，为了解决这个矛盾，在现代汽车发动机上大多采用了液压挺柱。根据凸轮轴的布置形式，液压挺柱可分为凸轮轴下置或中置式液压挺柱和凸轮轴顶置式液压挺柱两种。

1) 凸轮轴下置或中置式液压挺柱：如图 4-35 所示，在挺柱体 1 中装有柱塞 3，在柱塞上端压入支撑座 5。柱塞经常被柱塞弹簧 8 压向上方，其最上位置由卡环 4 来限制。柱塞下端的单向阀架 2 内装有单向阀蝶形弹簧 6 和单向阀 7。发动机润滑系统中的润滑油从主油道经挺柱体侧面的油孔流入，并经常充满柱塞内腔及其下面的空腔。

当气门关闭时，柱塞弹簧 8 使柱塞 3 连同压合在柱塞中的支撑座 5 紧靠着推杆，整个配气机构中不存在间隙。

当挺柱被凸轮推举向上时，推杆作用于支撑座 5 和柱塞 3 上的反力力图使柱塞克服柱塞弹簧 8 的力而相对于挺柱体 1 向下移动，于是柱塞下部空腔油压迅速升高，使单向阀 7 关闭。由于液体的不可压缩性，整个挺柱如同一个刚体一样上升，这样便保证了必要的气门升程。当油压很高时，会有少许油液经过柱塞与挺柱之间的配合间隙泄漏出去，但不会影响正常的

二维码 4-12：液压挺柱

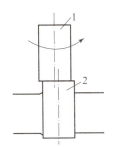

图 4-34 挺柱旋转示意图

1—挺柱；2—凸轮

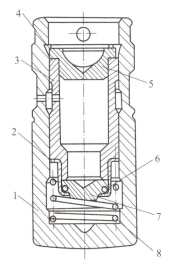

图 4-35 8V100 型发动机液压挺柱

1—挺柱体；2—单向阀架；3—柱塞；4—卡环；5—支撑座；6—单向阀蝶形弹簧；7—单向阀；8—柱塞弹簧

工作。同样，在气门受热膨胀时，柱塞也受压而与挺柱体做轴向相对运动，并将油液自下腔经上述间隙挤出。因此，使用液压挺柱时应不预留气门间隙，并保证气门受热膨胀仍能与气门座紧密贴合。

当气门开始关闭或冷却收缩时，柱塞所受的压力减小，由于弹簧 8 的作用，柱塞向上运动，始终与推杆保持接触。同时，柱塞下部的空腔中产生真空度，单向阀 7 被吸开，油液流入而充满整个挺柱内腔。

2）顶置凸轮轴式液压挺柱：如图 4-36 所示，挺柱体 9 是由上盖和圆筒经加工后再通过激光焊成一体的薄壁零件。液压缸 12 的内孔和外圆都要进行精加工研磨，外圆与挺柱内导向孔相配合，内孔则与柱塞 11 配合，两者都有相对运动。液压缸底部装有一个补偿弹簧 13，把球阀 5 压靠在柱塞的阀座上，补偿弹簧还可以使挺柱顶面和凸轮轮廓线保持紧密接触，以消除气门间隙。当球阀关闭后，可将挺柱分成两个油腔，即上部的低压油腔 6 和下部的高压油腔 1，而当球阀开启后，则成为一个通腔。

当圆筒挺柱体 9 上的环形油槽与气缸盖上的斜油孔 4 对齐时（图 4-36 中位置），发动机润滑系统中的润滑油经量油孔 3、斜油孔 4 和环形油槽流入低压油腔 6。位于挺柱背面上的键形槽 7 可将润滑油引入柱塞上方的低压油腔，这时气缸盖主油道与液压挺柱体的低压油腔连通。

液压挺柱的工作原理如图 4-37 所示。如图 4-37（a）所示，在气门打开的过程中，当凸轮 2 转动，挺柱体 5 和柱塞 4 向下移动时，高压油腔 6 中的润滑油被压缩，油压升高，加上补偿弹簧 8 的作用，使球阀紧压在柱塞的下端阀座上，这时高压油腔与低压油腔被分隔开。由于液体具有不可压缩性，故整个挺柱如同一个刚体一样下移而推开气门，并保证了气门应到达的升程。此时，挺柱环形油槽已离开了进油的位置，停止进油。

在气门的关闭过程中，如图 4-37（b）所示，当挺柱到达下止点开始上行时，在气门弹簧上顶和凸轮下压的作用下，高压油腔陆续封闭，球阀也不会打开，液压挺柱仍可认为是一个刚性挺柱，直至上升到凸轮处于基圆，使气门关闭时为止。

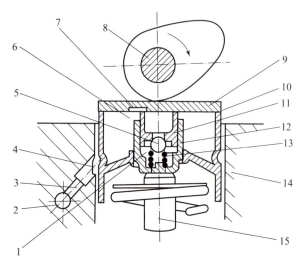

图 4-36 奥迪轿车发动机的液压挺柱

1—高压油腔；2—缸盖油道；3—量油孔；4—斜油孔；5—球阀；6—低压油腔；7—键形槽；8—凸轮轴；9—挺柱体；10，12—液压缸；11—柱塞；13—补偿弹簧；14—缸盖；15—气门杆

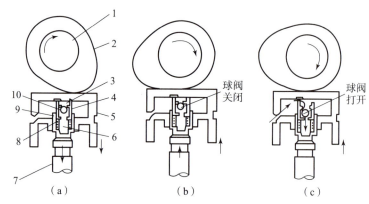

图 4-37 液压挺柱的工作原理

（a）气门打开过程；（b）气门关闭过程；（c）气门关闭以后
1—凸轮轴；2—凸轮；3—低压油腔；4—柱塞；5—挺柱体；6—高压油腔；
7—气门杆；8—补偿弹簧；9—油缸；10—球阀

气门关闭以后，如图 4-37（c）所示。此时，气缸盖主油道中的润滑油经量油孔、挺柱环形油槽进入挺柱的低压油腔，同时高压油腔内油压下降，补偿弹簧推动柱塞上行。从低压油腔来的润滑油推开球阀而进入高压油腔，使两腔连通并充满润滑油。这时，挺柱顶面仍和凸轮紧密贴合。

在气门受热膨胀时，柱塞和液压缸做轴向相对运动，高压油腔中的油液可经过液压缸与柱塞间的缝隙挤入低压油腔。因此，使用液压挺柱时，不需要预留气门间隙。

液压挺柱经长时间使用磨损后，无法进行调整或修理，只能更换。

3. 推杆

对于采用凸轮轴中置和下置式的发动机，在其配气机构的气门传动组中设置有推杆，如图 4-38 所示。推杆的作用是将从凸轮轴经过挺柱传来的推力传给摇臂。推杆的下端与挺柱接触，上端与摇臂一端的气门调整螺钉接触。发动机工作时，由于摇臂绕摇臂轴转动，故推杆在做上下往复运动的同时，其上端随摇臂一起做微量的摆动。为了防止产生运动干涉，推杆下端做成球形，与挺柱的凹球面配合；推杆上端做成凹球形状，与摇臂一端的气门调整螺钉下部球形凸面配合。推杆采用这种结构设置，其目的是可以在接触面间储存一定的润滑油，减轻接触面的磨损。

推杆一般采用硬铝（适合于铝合金气缸体和气缸盖）和钢制造，在结构上推杆可以做成实心或空心的。如图 4-38（a）所示的钢制实心推杆，一般是同其两端的球形支座锻成一个整体，然后再进行热处理；如图 4-38（b）所示的硬铝棒推杆，其两端配以钢制的支座；如图 4-38（c）和图 4-38（d）所示的无缝钢管制空心推杆，前者两端的支座是直接锻成的，然后经过精磨加工，后者两端的支座则是压配的，并经淬火和磨光，以保证其耐磨性。

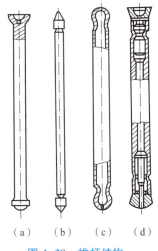

图 4-38　推杆结构

4. 摇臂与摇臂轴

（1）摇臂：摇臂实际上是一个以中间轴孔为支点的不等臂杠杆，如图 4-39 所示。它的作用是将推杆传来的力改变方向，然后作用到气门杆身尾端以推开气门。摇臂两边臂长的比值（摇臂比）为 1.2~1.8，其中长臂一端用于推动气门，以保证气门的升程大于凸轮的升程。摇臂长臂的端头与气门杆身尾端接触的部位制成圆弧状，使两者之间的力尽可能沿气门杆轴线作用。摇臂内钻有润滑油道和油孔（图 4-39 中 A—A），润滑油经油孔对摇臂的两端进行润滑。在摇臂的短臂端螺纹孔中旋入用以调整气门间隙的调整螺钉 1。摇臂有的用 45 钢冲压而成，有的采用铸铁或铸钢精铸而成。

二维码 4-13：安装气门摇臂与液力挺柱

（2）摇臂轴：摇臂轴为空心轴，安装在摇臂轴支座孔内，支座用螺栓固定在气缸盖上，如图 4-40 所示。为了防止摇臂轴 2 转动，常利用摇臂轴紧固螺钉 4 将摇臂轴固定在支座上。摇臂轴中间支座 10 上有油孔，和气缸盖上的油道及摇臂轴上的油孔相通，润滑油可进入摇臂上的油道对摇臂的两端进行润滑。在摇臂轴上的两个摇臂之间套装着一个定位弹簧 11，用以防止摇臂轴轴向窜动。摇臂、摇臂轴、摇臂轴支座及定位弹簧等一起构成摇臂组件。

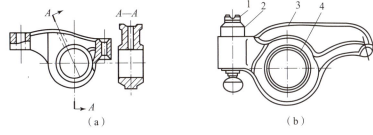

图 4-39　摇臂结构

1—气门间隙调整螺钉；2—锁紧螺母；3—摇臂；4—摇臂轴套

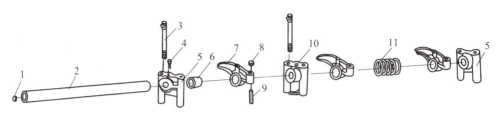

图 4-40 摇臂轴结构

1—碗形塞；2—摇臂轴；3—螺栓；4—摇臂轴紧固螺钉；5—摇臂轴前、后支座；6—摇臂衬套；
7—摇臂；8—锁紧螺钉；9—气门间隙调整螺钉；10—摇臂轴中间支座；11—定位弹簧

二、任务实施

（一）拆装气门传动组

1. 项目说明

客户反映东风雪铁龙爱丽舍轿车在冷车起动并怠速运转时，发动机有异常响声，热车后运转良好，经诊断初步判定该车液压挺柱响，需要对液压挺柱进行更换。

2. 技术要求与标准

（1）每位同学都能独立完成此项目。

（2）技术标准。

凸轮轴轴承盖：预拧紧力矩 5 N·m，拧紧力矩 10 N·m±2 N·m。

缸盖螺栓拆卸：由外到内依次拧松后，拆下螺栓，螺栓杆部长度小于 122.6 mm 的螺栓可以重复使用。拧紧与拆卸顺序相反，预拧紧力矩为 20 N·m±2 N·m，之后用螺栓紧固角度仪按照同样顺序以 260°的旋转角度进行角度拧紧，最多拧紧三次。

正时齿轮室壳体安装螺栓拧紧力矩：8 N·m±1 N·m。

凸轮轴正时齿轮紧固螺栓拧紧力矩：80 N·m±8 N·m。

张紧轮紧固螺栓拧紧力矩：20 N·m±2 N·m。

凸轮轴室盖紧固螺栓拧紧力矩：10 N·m±1 N·m。

正时齿轮室上、下壳体紧固螺栓拧紧力矩：5 N·m。

3. 设备器材

（1）东风雪铁龙爱丽舍轿车。

（2）世达工具、扭力扳手。

（3）发动机飞轮定位销、凸轮轴定位销（进气）、凸轮轴定位销（排气）、张紧轮固定销、气缸盖分离杆、气缸盖螺栓套筒、螺栓紧固角度仪、皮带支撑夹。

（4）东风雪铁龙爱丽舍 TU5JP4 发动机液压挺柱一套，发动机冷却液、机油等。

4. 作业准备

（1）清洁场地。

（2）常用工具、专用工具、发动机等物品的准备。

（3）准备作业单。

5. 操作步骤

（1）拆下发动机，将发动机安装在翻转架上。拆卸正时齿轮室壳体，旋转发动机曲轴，将发动机飞轮定位销安装到位，如图 4-41 所示。

图 4-41 安装发动机飞轮定位销

（2）分别安装进、排气凸轮轴定位销和张紧轮固定销，如图 4-42 所示。

图 4-42 安装凸轮轴定位销

（3）拧松张紧轮紧固螺母，在 a 处用内六角扳手转动张紧轮，以便将张紧轮固定销放置到位，如图 4-43 所示。顺时针方向转动张紧轮，使指示器 c 定位在 b 处，便可将正时皮带置于最松弛状态。

注意：任何时候都不要让张紧轮转一整圈。

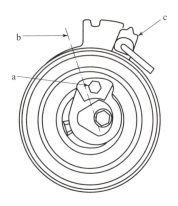

图 4-43 安装张紧轮固定销

（4）拆下正时皮带，如图 4-44 所示。从外向内逐渐拧松凸轮轴室盖的螺栓，拆下凸轮轴室盖。

图 4-44 拆下正时皮带

（5）取出进、排气凸轮轴定位销，用扳手固定住每个凸轮轴，拆下凸轮轴正时齿轮螺栓，如图 4-45 所示。

图 4-45 拆卸凸轮轴正时齿轮

(6) 拆下凸轮轴正时齿轮室壳体和凸轮轴油封,如图 4-46 所示。

图 4-46　拆卸凸轮轴正时齿轮室壳体

(7) 按照由外到内的顺序逐渐拧松发动机的气缸盖螺栓,拆下发动机气缸盖,如图 4-47 所示。

图 4-47　拆下气缸盖

(8) 从外面开始慢慢将凸轮轴轴承盖的螺栓拧松,使其从结合面脱开几毫米,然后拆下凸轮轴轴承盖,如图 4-48 所示。用木槌轻轻敲击侧边,将凸轮轴从其轴承中拆下,如图 4-49 所示。

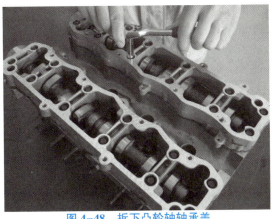

图 4-48　拆下凸轮轴轴承盖

图 4-49　拆下凸轮轴

（9）取出液压挺柱，以便于更换，如图 4-50 所示。

注意：如果仅进行气门组部件更换，则在取出液压挺柱之前要标记好位置，以便于安装时装回原位置，然后将其逐个取出。

图 4-50　取出液压挺柱

（10）润滑新的液压挺柱并分别安装，检查挺柱在气缸盖中能否自由旋转，如图 4-51 所示。

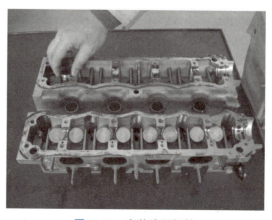

图 4-51　安装液压挺柱

（11）认真清理气缸盖和凸轮轴轴承盖的结合面。润滑凸轮和轴承，安装进气凸轮轴，正时齿轮端的切口位于 7 点处；安装排气凸轮轴，正时齿轮端的切口位于 8 点处。在气缸盖和凸轮轴轴承盖上涂抹密封胶后，装上凸轮轴轴承盖。在固定螺栓上涂密封膏后，按规定顺序逐步拧紧固定螺栓，如图 4-52 所示。预拧紧力矩为 5 N·m，拧紧力矩为 10 N·m±2 N·m。

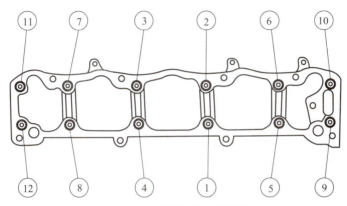

图 4-52 凸轮轴轴承盖螺栓拧紧顺序

（12）用凸轮轴密封圈安装套筒安装新的凸轮轴油封。安装气缸盖前首先测量缸盖螺栓杆部的长度，小于 122.6 mm 时可以重复使用。安装气缸垫时标有"TOP"的一面向上，然后安装气缸盖。气缸盖螺栓拧紧时，首先按照图 4-53 所示的顺序用 20 N·m±2 N·m 的力矩预拧紧，然后用螺栓紧固角度仪按照同样顺序以 260°的旋转角度进行角度拧紧，最多拧紧三次，如图 4-54 所示。

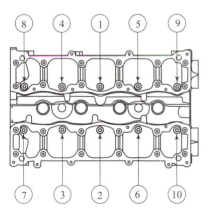

图 4-53 缸盖螺栓拧紧顺序

图 4-54 缸盖螺栓的拧紧

（13）安装正时齿轮室壳体，螺栓拧紧力矩为 8 N·m。用扳手固定凸轮轴，安装凸轮轴正时齿轮，将凸轮轴正时齿轮紧固螺栓拧紧至 80 N·m±8 N·m，如图 4-55 所示。安装完后检查凸轮轴能否自由转动，之后分别安装进、排气凸轮轴定位销。

（14）安装正时皮带。将皮带上的第一道白线标记对准曲轴正时齿轮上的正时标记 1 并安装到曲轴正时齿轮上，然后用皮带支撑夹固定皮带，分别如图 4-56 和图 4-57 所示。此后按照以下顺序安装正时皮带：进气凸轮轴正时齿轮、排气凸轮轴正时齿轮、惰轮、水泵皮带轮、张紧轮。正时皮带上的另外两条白线标记分别对准进、排气凸轮轴正时齿轮上的正时标记。

图 4-55　安装凸轮轴正时齿轮

图 4-56　曲轴正时齿轮

图 4-57　用皮带支撑夹固定皮带

（15）取出发动机飞轮定位销、进气和排气凸轮轴定位销、张紧轮止动销和皮带支撑夹，让曲轴按照发动机旋转方向转动4圈后，用定位销分别定位飞轮和进、排气凸轮轴正时齿轮。调整张紧轮使指针不超过缺口的左侧，将张紧轮紧固螺栓拧紧至 20 N·m±2 N·m，如图4-58所示。取出发动机飞轮定位销及进、排气凸轮轴定位销，发动机正时皮带安装完毕。

图 4-58　调整张紧轮

（16）安装凸轮轴室盖，由外到内依次拧紧至 10 N·m±1 N·m。安装正时齿轮室上、下壳体，紧固螺栓拧紧力矩为 5 N·m。将发动机装回原车，车辆故障排除。

6. 记录与分析

拆装气门传动组作业记录单见表 4-1。

表 4-1 拆装气门传动组作业记录单

姓名		班级		学号		组别	
车型		发动机型号		作业单号		作业日期	
项目				操作情况			
正时齿轮定位销和飞轮定位销的安装							
张紧轮固定销的安装							
凸轮轴正时齿轮的拆卸							
凸轮轴室盖、凸轮轴轴承盖螺栓的拆卸顺序							
气缸盖螺栓的拆卸顺序							
凸轮轴正时齿轮紧固螺栓的拧紧							
凸轮轴轴承盖螺栓的拧紧							
气缸垫的方向							
缸盖螺栓的拧紧							
正时皮带的安装							
张紧轮的调整							
结论							
建议处理意见							

（二）拆装气门组

1. 项目说明

一辆东风雪铁龙爱丽舍轿车在早晨第一次起动时，后排气管有比较浓的蓝色烟雾排出，过一段时间蓝色烟雾消失，当天一般不会再有类似的情况发生。有时原地停车熄火时间稍长时也会冒蓝烟，第二天早晨又有同样的问题发生，在其他情况下没有蓝色烟雾产生。经初步诊断是气门杆密封圈漏油，需要更换气门杆密封圈。

2. 技术要求与标准

每位同学都能独立完成此项目。

3. 设备器材

（1）东风雪铁龙爱丽舍轿车 TU5JP4 发动机。

(2)气门提取器、气门杆密封圈钳、气门杆密封圈压装柄。

(3)气门杆密封圈。

4. 作业准备

(1)清洁场地。

(2)常用工具、专用工具、发动机等物品的准备。

(3)准备作业单。

5. 操作步骤

(1)拆下气缸盖,将液压挺柱做好标记后取出。在各个气门头部上做好标记后,将气门提取器一端压在气门头部、一端压在气门弹簧座上,缓慢旋转手柄,压下气门提取器,如图4-59所示。

图 4-59　气门提取器的使用

(2)取出气门锁片、气门弹簧座和气门弹簧,拆下气门,如图4-60所示。

图 4-60　拆卸气门

(3)按照以上操作方法分别取出剩余的15个气门,并对气门座圈、气门导管、气门、气门弹簧、气门弹簧座等进行清洗和检查,如图4-61所示。

(4)用气门杆密封圈钳分别取出16个气门的气门杆密封圈,如图4-62所示。

(5)用气门杆密封圈压装柄分别安装16个新的气门杆密封圈,如图4-63所示。

(6)对气门杆部进行润滑后,将气门装回原位置。分别装入气门弹簧和气门弹簧座,

图 4-61 清洗气门零件

图 4-62 取出气门杆密封圈

图 4-63 安装气门杆密封圈

用气门提取器压下气门弹簧座，用镊子将气门锁片安装到位，并检查气门能否正常开关，如图 4-64 所示。将其他的气门及液压挺柱安装回原来的位置。将发动机装回原车，故障排除。

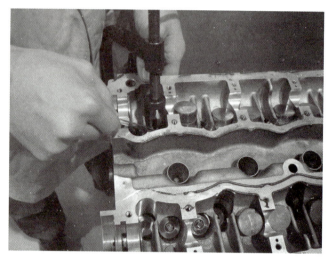

图 4-64　安装气门

6. 记录与分析

拆装气门组作业记录单见表 4-2。

表 4-2　拆装气门组作业记录单

姓名		班级		学号		组别	
车型		发动机型号		作业单号		作业日期	
项目					操作情况		
液压挺柱的拆卸							
气门提取器的使用							
气门的拆卸							
气门组的清洁和检查							
气门杆密封圈的拆卸							
气门杆密封圈的安装							
气门的安装							
液压挺柱的安装							
结论							
建议处理意见							

三、拓展知识

目前，大多数发动机的配气相位是不能改变的，它是按照发动机的性能要求，通过试验来确定某一转速下较为合适的配气相位。因此，发动机在该转速下运转时，配气相位最为合适，但在其他转速下运转时，配气相位就不是最为合适的。近几年来，在有些汽车的发动机上，通常采用一种可变配气相位和气门升程的控制机构来控制进气时间和进气量，从而使发动机产生不同的输出功率。

（一）发动机可变气门升程控制机构（VTEC）

1. 结构与组成

本田雅阁汽车 F22B1 型发动机可变配气相位控制机构由气门、凸轮、摇臂、同步活塞和正时活塞等组成，如图 4-65 和图 4-66 所示。这种发动机配置两个进气门和两个排气门，但是两个进气门有主、次之分，即主进气门和次进气门。每个气门均由单独的凸轮通过摇臂来驱动。与主、次进气门接触的摇臂称为主、次摇臂，主、次摇臂之间设有一个特殊的中间摇臂，它不与任何气门相接触。三个摇臂并列在一起，都可以在摇臂轴上转动。在主、次摇臂和中间摇臂相对应的凸轮轴上铸有三个不同升程的凸轮，分别称为主、次凸轮和中间凸轮，如图 4-66 所示。其中中间凸轮的升程最大，它是按照发动机双进、双排气门工作最佳输出功率的要求而设计的；次凸轮的升程最小，其最高处只是稍微高于基圆，作用是在发动机怠速运行时，通过次摇臂稍微打开次进气门，以免燃油集聚在次进气门口。中间摇臂的一

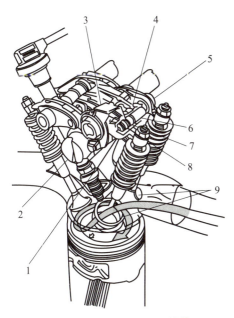

图 4-65　F22B1 VTEC 结构

1—主摇臂；2—凸轮轴；3—正时板；4—中间摇臂；
5—次摇臂；6—中间同步活塞；7—主同步活塞；
8—正时活塞；9—进气门

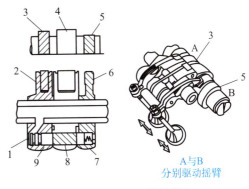

图 4-66　VTEC 低速状态

1—正时活塞；2—主摇臂；3—主凸轮；4—中间凸轮；5—次凸轮；6—次摇臂；7—次同步活塞；
8—中间同步活塞 B；9—主同步活塞

端和中间凸轮接触，另一端在发动机低速时自由活动。三个摇臂在靠近气门一端均有一个油缸孔，油缸孔中都安置有靠油压控制的活塞，它们依次为正时活塞、主同步活塞、中间同步活塞和次同步活塞。

2. 工作原理

VTEC 是采用在一根凸轮轴上设计两种（高速和低速）不同的配气相位和气门升程的凸轮，并利用液压进行切换的装置。高、低速地切换由发动机 ECU 根据发动机的转速、负荷、水温和车速信号等来进行计算处理，并将处理后的控制信号输出给电磁阀来对油压进行控制。

（1）在 VTEC 不工作时，正时活塞和主同步活塞位于主摇臂油缸内，与中间摇臂等宽的中间同步活塞位于中间摇臂的油缸内，次同步活塞和弹簧一起位于次摇臂油缸内。正时活塞一端的油压来自工作油泵，油道的开启由 ECU 通过 VTEC 电磁阀来控制。VTEC 控制原理如图 4-67 所示。

（2）在发动机低速运行时，ECU 无指令，油道内无油压，活塞位于各自的油缸内，因此，各个摇臂均独自上下运动。此时，主摇臂紧随主凸轮开、闭主进气门，以供给低速运行时发动机所需的混合气，次凸轮则迫使次摇臂微微起伏，微微开、闭次进气门。中间摇臂虽然随着中间凸轮大幅度运动，但它对任何气门不起作用。这时，发动机处于单进气门、双排气门的工作状态，吸入的混合气不到高速时的一半，发动机怠速运转平稳。

（3）在发动机高速运行时，如图 4-68 所示，即发动机转速在 2 300~3 300 r/min、车速在 10 km/h 以上、水温在 10 ℃ 以上、发动机负荷到达一定程度时，发动机的 ECU 就会向 VTEC 电磁阀供电以开启工作油道，于是工作油道中的压力油就推动活塞移动而压缩弹簧。这样，主摇臂、中间摇臂和次摇臂就被主同步活塞、中间同步活塞和次同步活塞串联为一体，成为一个同步活动的组合摇臂。由于中间凸轮的升程大于其他两个凸轮，而且凸轮角度提前，所以组合摇臂随中间摇臂一起受中间凸轮驱动，主、次进气门都大幅度地同步开、闭，因此配气相位发生变化，吸入的混合气增多，发动机的功率提高，满足了发动机高速、大负荷的要求。

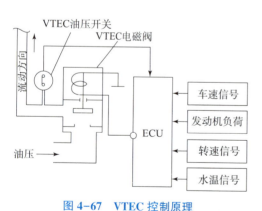

图 4-67　VTEC 控制原理

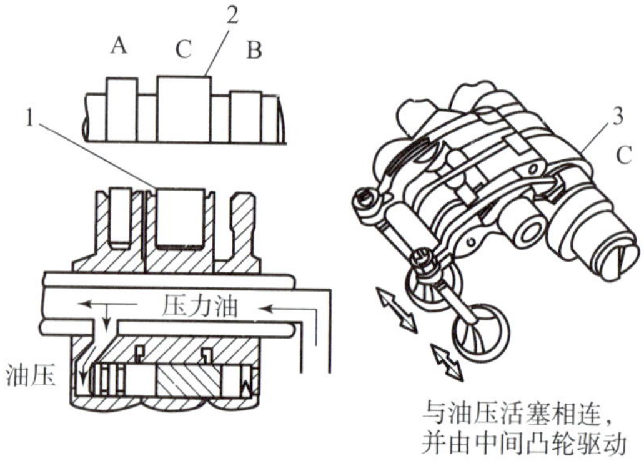

图 4-68　VTEC 高速状态

1—中间摇臂；2，3—中间凸轮

（二）丰田发动机可变配气正时控制系统（VVT-i）

1. 结构与组成

丰田 LS400 型汽车发动机可变气门正时系统由凸轮轴正时控制阀、VVT-i 控制器和 VVT

-i 传感器三大部分组成,如图 4-69 所示。两排气凸轮轴均由齿形皮带驱动,而且相对于齿形皮带轮的转角固定不变。曲轴位置传感器、凸轮轴位置传感器、VVT-i 传感器分别检测曲轴转角、齿形皮带轮转角以及进气凸轮轴相对于齿形皮带轮的转角,并将检测信号输入 ECU,经过 ECU 分析计算处理,再向进气凸轮轴正时控制阀输出控制信号,使进气凸轮轴相对于齿形皮带轮转过一个角度,以达到调节配气相位的目的。

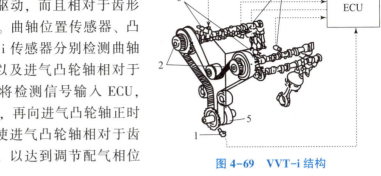

图 4-69　VVT-i 结构

1—曲轴位置传感器;2—VVT-i 控制器;3—凸轮轴正时控制阀;4—VVT-i 传感器;5—机油泵

(1) VVT-i 控制器:如图 4-70 所示,它由正时皮带驱动的外齿轮和与进气凸轮轴刚性连接的内齿轮以及内、外齿轮之间的可动活塞组成。活塞的内、外表面有螺旋花键,而且分别与内、外齿轮啮合。当活塞沿轴向移动时,即可改变内、外齿轮的相对位置。VVT-i 外壳通过安装在其后部的梯形齿轮驱动排气门凸轮轴。可动活塞的轴向移动由凸轮轴正时控制阀根据 ECU 的指令控制,活塞内、外表面的螺旋花键使凸轮轴相对于正时皮带轮旋转,并使配气正时提前或推迟。

(2) 凸轮轴正时控制阀:如图 4-71 所示,其由弹簧 1、滑阀 2、柱塞 3 和电磁阀 4 等组成。凸轮轴正时控制阀在发动机 ECU 的控制下,改变或停止流向 VVT-i 控制器的润滑油。

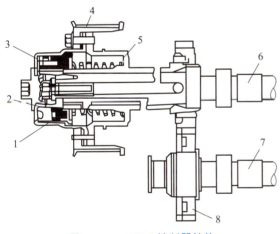

图 4-70　VVT-i 控制器结构

1—外齿轮;2—内齿轮;3—可动活塞;4—正时皮带轮;
5—VVT-i 外壳;6—进气凸轮轴;7—排气凸轮轴;
8—梯形齿轮

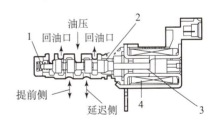

图 4-71　凸轮轴正时机油控制阀

1—弹簧;2—滑阀;3—柱塞;
4—电磁阀

2. 工作原理

如图 4-72 所示,在发动机工作时,发动机的 ECU 根据曲轴位置传感器、VVT-i 传感器、凸轮轴位置传感器等的信号,向凸轮轴正时控制阀发出指令,凸轮轴正时控制阀将液压油施加在柱塞的左侧,使柱塞向右移动,进气凸轮轴相对于正时皮带轮提前某一角度,如图 4-72 (a) 所示。当发动机转速降低时,凸轮轴正时控制阀将液压油施加在柱塞的右侧,使柱塞向左移动，进气凸轮轴相对于正时皮带轮延迟某一角度，如图4-72（b）所示。若发动机的转速恒定，则凸轮轴正时控制阀关闭油道，柱塞两侧的压力保持平衡，配气相位维持在某一特定范围内，从而达到理想的配气正时。在发动机停机时，凸轮轴正时控制阀使配气相位处于最迟位置。

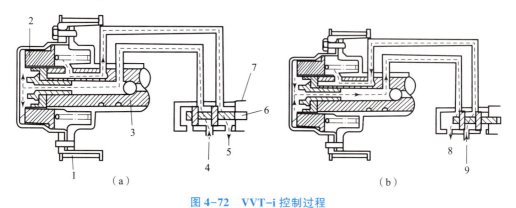

图4-72 VVT-i 控制过程

1—正时皮带轮；2—可动活塞；3—进气凸轮轴；4，9—压力油；5，8—出油口；6—阀轴；
7—凸轮轴下正时控制阀

学习任务 5
冷却系统结构与拆装

某轿车进厂修理,客户反映该车辆在行驶过程中出现发动机水温过高报警现象(见图 5-1),经维修业务接待检查,初步判定该车发动机节温器工作不良,更换节温器后,故障排除。

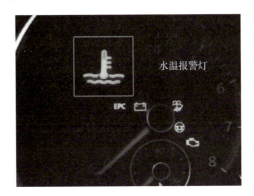

图 5-1 发动机水温过高报警指示灯

通过本任务学习,应能:
1. 正确叙述冷却系统的功用、结构与工作原理;
2. 正确描述冷却系统冷却强度的调节方式;
3. 掌握节温器对循环水路的调节作用;
4. 对冷却系统主要部件进行正确的拆卸与装配。

(一)冷却系统的组成及循环路线

1. 冷却系统的功用

发动机在燃烧过程中,气缸内气体的温度高达 2 200 ℃,而燃烧释放出的 1/3 的热量转变成了有用功,其余的热量一部分随着废气排放到大气中,另一部分传给了发动机的零件。零件在吸收了热量后,温度升高,致使发动机温度过高,从而导致零件的机械强度降低、使用寿命缩短、甚至损坏;温度过高还会引起发动机进气量减少,使燃烧不充分,导致发动机的动力性、经济性以及功率下降;高温还容易使发动机的机油变质,造成零件润滑不良,加剧零件的磨损。但是,若发动机温度过低,又会使发动机的热量损失增大,不利于混合气的形成与燃烧;发动机机油黏度增大,摩擦损失增加,润滑性能变差,加剧零件磨损,从而造成发动机功率下降、油耗增加。所以在发动机上必须设置冷却系统。

冷却系统的主要功用是把受热零件吸收的部分热量及时散发出去,以保证发动机在最适宜的温度状态下工作。

2. 冷却系统的冷却方式

发动机冷却系统可以分为液冷和风冷两种方式。

(1) 液冷系统。该装置以冷却液(水和添加剂的混合液)作为冷却介质,把高温零件的热量先传给冷却液,然后再通过散热器将热量散入大气。该系统冷却可靠、调节方便、冷却效果好,而且发动机运转噪声小,目前在汽车发动机上广泛采用液冷系统,如图 5-2 所示。

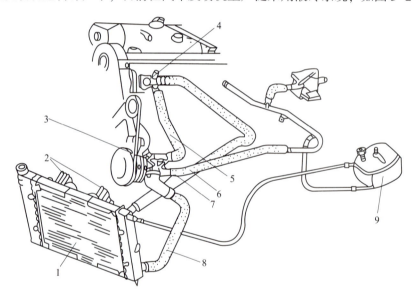

图 5-2 发动机液冷系统示意图

1—散热器;2—风扇;3—水泵;4—气缸体进水口;5—旁通水管;6—暖风进水管;
7—气缸体冷却液出水管;7—散热器出水管;9—膨胀水箱

(2) 风冷系统。利用高速空气流把发动机中高温零件的热量直接散入大气而进行冷却的装置,该系统结构简单,使用和维修方便,但是冷却效果不高,冷却强度不容易调节和控制,噪声大,仅在小型汽油机和某些大型柴油机上使用,如图 5-3 所示。

3. 冷却系统的组成

发动机水冷系统都采用强制循环方式,它主要由散热器、水泵、风扇、节温器和温度传感器等组成,如图 5-4 所示。

散热器安装在发动机前方,并通过橡胶软管分别与发动机气缸盖上出水孔及水泵的进水孔相连。风扇位于散热器的后面,由曲轴或电

二维码 5-1:风冷视频

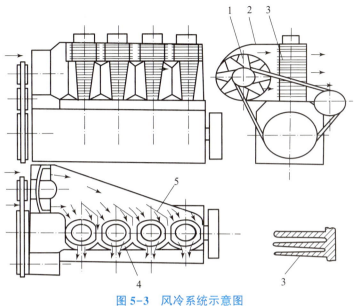

图 5-3 风冷系统示意图

1—风扇；2—导流罩；3—散热片；4—气缸导流罩；5—分流板

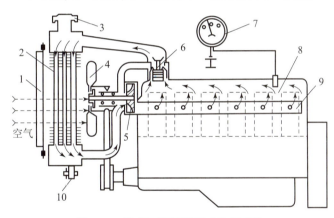

图 5-4 发动机强制循环式冷却系统

1—百叶窗；2—散热器；3—散热器盖；4—风扇；5—水泵；6—节温器；
7—冷却液温度表；7—水套；9—分水管；10—放水阀

动机驱动，可产生强大的抽吸力，增大通过散热器的空气流量和流速，加强散热器的散热效果。

在气缸盖与气缸体上铸有水套。气缸盖的下平面和气缸体的上平面有对应的通水孔，使气缸盖和气缸体的水套相通。在发动机工作时，水套内充满了冷却液，直接从气缸壁和燃烧室壁吸收热量，并将热量带走。水泵安装在发动机气缸体的前面，由曲轴通过皮带驱动或由电动机驱动，水泵的出水孔通向气缸体的水套。

节温器一般安装在气缸盖的出水口处，它能根据发动机的工作温度，自动地控制冷却液的循环路线（完成大、小循环间的转换），实现冷却强度的调节。在有些汽车上，散热器的前面还安装有百叶窗，由驾驶员操纵其开度来控制通过散热器的空气量，以实现冷却强度的调节。

为实时监控发动机的工作温度，在冷却系统中设有冷却液温度传感器。一般情况下发动机冷却液温度传感器安装在气缸盖出水口处，给发动机 ECU 提供温度信息。液冷系统还设有暖风装置，在气缸盖出水管上设有橡胶软管，并与驾驶室内的暖风装置相连。

二维码 5-2：拆水温传感器视频　二维码 5-3：装水温传感器视频　二维码 5-4：装水温传感器捶头和卡子

4. 冷却液的循环路线

（1）小循环。

当发动机冷却液温度低于规定值时，节温器关闭通往散热器的通路，从气缸盖水套流出的冷却液通过小循环连接管直接进入水泵，并经水泵送入气缸体水套。由于冷却液不通过散热器散热，所以发动机的温度迅速提高，这种循环方式称为小循环。

（2）大循环。

当发动机冷却液温度超过规定值时，节温器将小循环通道关闭，此时冷却液全部流经散热器进行散热。散热后的冷却液在水泵的抽压下，又回到气缸体水套进行循环，然后从气缸盖出水管再流入散热器，形成一个循环系统，并使发动机冷却液的温度迅速下降。由于冷却液流动路线长、冷却强度大，所以这种循环方式称为大循环。

（二）冷却系统主要部件的结构与工作原理

1. 散热器。

散热器又称为水箱，由上储液室、散热器芯和下储液室等组成，如图 5-5 所示。冷却液经过散热器后，温度降低，加速了冷却液的冷却。为了将散热器传出的热量尽快带走，在散热器后面装有风扇与散热器配合工作。

散热器上储液室顶部有加液口，冷却液由此注入整个冷却系统并用散热器盖盖住。在上储液室与下储液室分别装有进水管和出水管，进水管和出水管分别用橡胶软管与气缸盖的出水管和水泵的进水管相连，这样可使安装方便，而且当发动机和散热器之间产生少量位移时不会漏水。在散热器下面一般装有减震垫，以防止散热器受振动损坏。在散热器下储液室的出水管上还有放水开关，在必要时可将散热器内的冷却液放掉。

二维码 5-5：散热器视频

散热器芯由许多冷却水管和散热片组成，对于散热器芯应该有尽可能大的散热面积，采用散热片即是为了增加散热器芯的散热面积。散热器芯的结构形式有管片式和管带式两种，如图 5-6 所示。

目前汽车发动机多采用封闭式液冷系统，这种冷却系统的散热器盖具有自动阀门，发动机热态工作正常时，阀门关闭，将冷却系统与大气隔开，以防止水蒸气逸出，使冷却系统内的压力稍高于大气压力，从而增高冷却液的沸点。当冷却系统内压力过高或过低时，自动阀

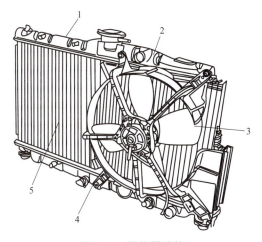

图 5-5 散热器结构

1—散热器；2—上储液室；3—冷却风扇；
4—下储液室；5—散热器芯

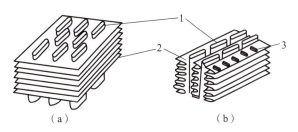

图 5-6 散热器芯结构

（a）管片式；（b）管带式
1—冷却管；2—散热带；3—缝孔

门开启，以使冷却系统与大气相通。目前封闭式液冷系统广泛采用具有空气阀—蒸汽阀的散热器盖，如图 5-7 所示。

当散热器中压力升高到一定值（为 0.026~0.037 MPa）时，蒸汽阀开启，水温下降，压力降低；当冷却系统中产生的真空度达一定值（为 0.01~0.02 MPa）时，空气阀开启，空气进入散热器，压力升高。

现代汽车发动机的冷却系统中设置了膨胀水箱，使冷却系统成为一个封闭的系统，从而避免了冷却液因蒸发而耗损，冷却液液面高度保持不变；同时能将冷却系统中的水气分离，增大泵水量及减小气缸水套内部穴蚀。

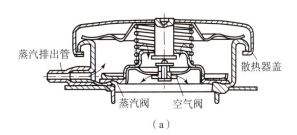

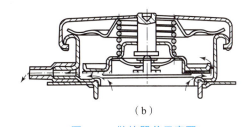

图 5-7 散热器盖示意图

（a）空气阀开启；（b）蒸汽阀开启

一般都将膨胀水箱设在系统的最高点，其最主要的作用就是当冷却液温度升高而导致水位升高时，散热器里盛不下的冷却液会回流到膨胀水箱，防止散热器压力过高；相反则补充散热器水位。另外还可将其作为冷却液液位检查的地方，上面标有刻度。

二维码 5-6：散热器盖视频

二维码 5-7：膨胀水箱视频

2. 水泵

（1）作用：水泵的作用是对冷却水加压，加速冷却水的循环流动，保证冷却可靠。车用发动机上多采用离心式水泵。离心式水泵具有结构简单、尺寸小、排水量大、维修方便等优点。

（2）组成：离心式水泵主要由泵体、叶轮和水泵轴组成，叶轮一般是径向或向后弯曲的，其数目一般为6~9片，如图5-9所示。

（3）工作原理：当叶轮旋转时，水泵中的水被叶轮带动一起旋转，在离心力的作用下，水被甩向叶轮边缘，然后经外壳上与叶轮成切线方向的出水管压送到发动机水套内，如图5-10所示。与此同时，叶轮中心处的压力降低，散热器中的水便经进水管被吸进叶轮中心部分。如此连续的作用，使冷却水在水路中不断循环。如果水泵因故停止工作，则冷却水仍然能从叶轮叶片之间流过，且不妨碍冷却液在冷却系统内的自然循环。

二维码5-8：水泵视频

二维码5-9：拆水泵视频

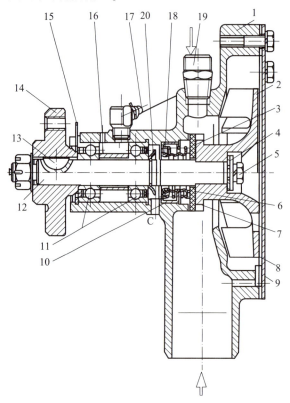

图5-9　离心式水泵的结构

1—水泵壳体；2—叶轮；3—夹布胶木密封垫圈；4—密封垫圈；5—螺钉；6—水封皮碗；7—弹簧；8—衬垫；9—水泵盖；10—水封座圈；11—球轴承；12—水泵轴；13—半圆键；14—凸缘盘；15—轴承卡环；16—隔离套筒；17—滑脂嘴；18—水封环；19—管接头；20—抛水圈；C—检视孔

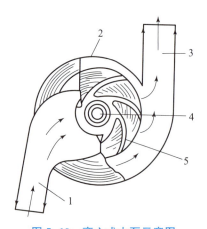

图5-10　离心式水泵示意图

1—进水管；2—水泵壳体；3—出水管；4—水泵轴；5—叶轮

3. 冷却强度调节装置

根据发动机不同的工况和使用条件，冷却系统需不断地改变冷却强度，从而保证发动机经常在最有利的温度状态下工作。改变冷却强度通常有两种方式，一种是改变通过散热器的空气流量；另一种是靠节温器改变冷却液的循环流量和循环范围。

（1）风扇。

1）风扇的作用：提高通过散热器芯的空气流速，增加散热效果，加速冷却液的冷却。风扇通常安装在散热器后面，当风扇旋转时，对空气产生抽吸作用，空气流由前向后通过散热器芯，使流经散热器芯的冷却液加速冷却。

2）风扇的结构型式：汽车用发动机的风扇有两种型式，轴流式和离心式。轴流式风扇所产生的风，其流向与风扇轴平行；离心式风扇所产生的风，其流向为径向。轴流式风扇效率高、风量大、结构简单、布置方便，因而在车用发动机上得到了广泛的应用。

3）风扇的驱动方式。

普通风扇：一般情况下，风扇和发电机一起通过V形皮带由曲轴带轮驱动，通过调整发电机支架来调整V形皮带的松紧度，如图5-11所示。

电动风扇：目前，大多数轿车发动机广泛采用电动风扇，它不再与水泵同轴，而是直接由电动机驱动，如图5-12所示。

二维码5-10：风扇视频

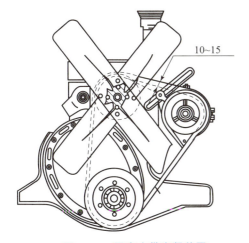

图5-11 风扇皮带张紧装置

图5-12 电动风扇位置及驱动方式

（2）节温器。

节温器的作用是根据发动机的工作温度自动控制冷却液的循环路线。节温器一般安装在气缸盖的出水口处，根据发动机温度的高低自动改变冷却液的循环流动路线，控制通往散热器的流量，以调节冷却系统的冷却强度。目前蜡式节温器应用广泛，也有些轿车发动机开始采用电子式节温器。

二维码5-11：节温器视频

二维码5-12：拆节温器总成视频

二维码5-13：拆节温器视频

二维码5-14：装节温器视频

二维码5-15：装节温器总成视频

蜡式节温器在橡胶管和感应体之间的空间里装有石蜡,为提高导热性,石蜡中常掺有铜粉或铝粉。当发动机冷却液的温度低于 349 K(76 ℃)时,石蜡呈固态,阀门压在阀座上。这时阀门关闭通往散热器的水路,来自发动机缸盖出水口的冷却水经水泵又流回气缸体水套中,进行小循环,如图 5-13(a)所示。当发动机水温升高时,石蜡逐渐变成液态,体积随之增大,迫使橡胶管收缩,从而对反推杆上端头产生向上的推力。由于反推杆上端固定,故反推杆对橡胶管、感应体产生向下的反推力,阀门开启。当发动机冷却液温度达到 359 K(86 ℃)以上时,阀门全开,来自气缸盖出水口的冷却水流向散热器而进行大循环,如图 5-13(b)所示。

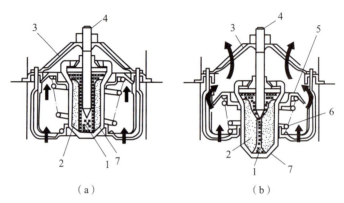

图 5-13 蜡式节温器工作原理

1—橡胶管;2—石蜡;3—支架;4—中心杆;5—主阀门;6—主阀门弹簧;7—感应体

当发动机内冷却液温度处于上述两种温度之间时,大、小循环同时存在。

二、任务实施

(一)散热器拆装

1. 项目说明

某客户的东风雪铁龙新爱丽舍轿车,在行驶过程中出现散热器漏水现象,经初步检查为散热器破损,请根据爱丽舍轿车的散热器拆装工艺,对客户的车辆进行散热器的拆装更换。

2. 技术标准与要求

(1)每个学生能独立完成此项目。

(2)技术标准。

冷却系统容量:6.5 L。

散热器散热面积:23 dm^{2}①。

冷却系统最大工作压力:1.4 bar②。

3. 设备器材

(1)新爱丽舍轿车。

---

① 1m^2 = 1dm^2。

② 1bar = 0.1MPa。

（2）常用拆装工具。

（3）专用工具：冷却系统排气用加注桶4520-T。

4. 作业准备

（1）清洁场地。

（2）常用工具、专用工具、冷却液等物品的准备。

（3）作业记录单。

5. 操作步骤

（1）将车辆放置在两柱举升机上，并确认举升点安全，铺上前格栅布及翼子板护垫并在驾驶室内铺设防护五件套，如图5-14所示。

（2）拆卸发动机下护板，如图5-15所示。

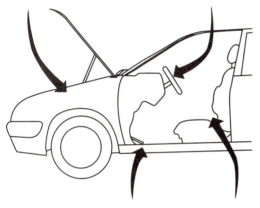

图5-14 车辆防护

图5-15 拆卸下护板

（3）检查冷却液液位是否正常，如不正常应先查漏；若液位正常，则先松开加液口盖，然后松开下部水管，在正下方放一个容器，排空冷却系统，如图5-16所示。

（4）拆卸散热器上部水管并断开各连接处，如图5-17所示。

图5-16 拆卸下部水管

图5-17 拆卸上部水管

（5）拆卸空气滤清器前端进气管，如图5-18所示。

（6）拆卸散热器紧固件，如图5-19所示。

（7）用双手从上方取出散热器，如图5-20所示。

图 5-18 拆卸空气滤清器前端进气管

图 5-19 拆卸散热器紧固件

（8）安装时，按照与拆卸相反的顺序安装散热器及上下水管，最后向冷却系统加注冷却液并进行排气。方法如下：将加注桶装在水箱加注孔上，打开所有放气螺栓，使冷却液慢慢流入冷却管路，当排气口处冷却液流出无气泡时，拧紧所有放气螺栓。起动发动机，使发动机转速稳定在 1 500~2 000 r/min，直至二次冷却循环完成。拆下加注桶，并装上加注口盖。如图 5-21 所示。

图 5-20 取出散热器

图 5-21 冷却液的加注

6. 记录与分析

散热器拆装作业记录单见表 5-1。

表 5-1 散热器拆装作业记录单

姓名		班级		学号		组别	
车型		发动机型号		作业单号		作业日期	
项目				操作情况			
车辆举升点							
防护用具							

续表

姓名		班级		学号		组别	
车型		发动机型号		作业单号		作业日期	
项目				操作情况			
冷却液液位							
发动机下护板的拆除							
冷却液的排空							
散热器上部各连接管的拆除							
取出散热器							
冷却液的加注及排气							
结论							
建议处理意见							

（二）水泵拆装

1. 项目说明

某客户的东风雪铁龙新爱丽舍轿车，出现发动机异响现象，到东风雪铁龙4S店进行检查，发现是水泵处异响，需更换水泵。请按照东风雪铁龙的技术标准及作业流程对该车进行水泵的拆装更换作业。

2. 技术标准与要求

（1）每个学生能独立完成此项目。

（2）技术标准。

水泵上的固定螺栓，拧紧力矩：20 N·m± 1 N·m。

张紧轮固定螺栓，拧紧力矩：20 N·m± 2 N·m。

3. 设备器材

（1）爱丽舍轿车。

（2）常用拆装工具。

（3）水泵拆卸专业工具 ST 01203。

塑料铆钉拆卸钳 ZX7504-T。

发动机飞轮定位销 4507-T. A。

凸轮轴定位销 4533-T. AC1 及 4533-T. AC2。

正时皮带支撑夹 4533-T. AD。

张紧轮止动销 4224-T. AL。

4. 作业准备

（1）清洁场地。

（2）常用工具、专用工具、车辆等物品的准备。

（3）作业记录单。

5. 操作步骤

（1）先将车辆举升并固定，使车轮悬空。断开蓄电池，依次拆下右前车轮、右下盖板、右前挡泥板等，如图5-22所示。同时拆卸空调压缩机—动力转向泵驱动皮带及发电机皮带。

图5-22 拆下右下盖板

（2）在发动机下方放置一个千斤顶并将其固定，拆除空气滤清器盒、空气软管、固定卡板、发动机右支架、正时齿轮室盖等附件，如图5-23和图5-24所示。

图5-23 拆卸发动机右支架

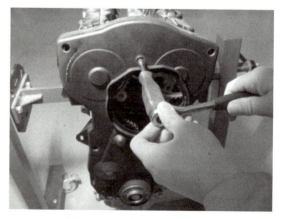

图5-24 拆卸正时齿轮室盖

（3）用发动机飞轮定位销4507-T.A定位飞轮，同时用凸轮轴定位销4533-T.AC1及4533-T.AC2定位凸轮轴正时齿轮，旋松张紧轮螺母，用张紧轮止动销4224-T.AL锁住张紧轮，拆卸正时皮带，如图5-25～图5-27所示。

（4）拆卸水泵上的固定螺栓，如图5-28所示。

（5）用水泵拆卸专业工具ST 01203取下水泵，如图5-29和图5-30所示。

图 5-25 定位飞轮

图 5-26 定位正时齿轮

图 5-27 锁住张紧轮

图 5-28 拆卸水泵上的固定螺栓

图 5-29 取出水泵

图 5-30 水泵

（6）安装时注意：用适宜的除锈产品清洁结合表面，不能用磨具或锋利的工具清理，结合面上不得有任何碰撞或刻划的痕迹，同时一定要更换水泵密封圈，并按与拆卸相反的顺序进行安装。

6. 记录与分析

水泵拆装作业记录单见表5-2。

表5-2 水泵拆装作业记录单

姓名		班级		学号		组别	
车型		发动机型号		作业单号		作业日期	
项目				操作情况			
附件皮带的拆卸							
发动机右支架、正时齿轮室盖的拆卸							
飞轮的定位							
正时齿轮的定位							
锁住张紧轮							
用专业工具取出水泵							
水泵上固定螺栓的拧紧							
张紧轮固定螺栓的拧紧							
结论							
建议处理意见							

学习任务 6
润滑系统结构与拆装

某客户的东风雪铁龙爱丽舍轿车行驶近 300 000 km 进厂修理，客户反映该车辆在行驶过程中发动机机油压力报警灯经常闪烁，经检查初步判定该车发动机机油泵工作不良，造成机油压力低，更换机油泵后，故障排除。

通过本任务学习，应能：
1. 分析润滑系统的组成和工作原理；
2. 规范拆装发动机润滑系统；
3. 选用合适的发动机润滑油。

（一）润滑系统的组成及油路

1. 润滑系统的功用

（1）润滑作用：润滑运动零件表面，减小摩擦阻力和磨损，减小发动机的功率消耗。
（2）清洗作用：机油在润滑系统内不断循环，清洗摩擦表面，带走磨屑和其他异物。
（3）冷却作用：机油在润滑系统内循环可带走摩擦产生的热量，起到冷却作用。
（4）密封作用：在运动零件之间形成油膜，提高它们的密封性，有利于防止漏气或漏油。
（5）防锈蚀作用：在零件表面形成油膜，对零件表面起保护作用，防止腐蚀生锈。
（6）液压作用：机油还可用作液压油，在液压挺柱内起液压作用。
（7）减震缓冲作用：在运动零件表面形成油膜，吸收冲击并减小振动，起减振缓冲作用。

2. 润滑方式

由于发动机各运动零件的工作条件不同，对润滑强度的要求也就不同，因而要相应地采取不同的润滑方式。按照发动机机油供应方式的不同，发动机润滑系统的润滑方式有以下几种：

（1）压力润滑：利用机油泵，将具有一定压力的机油源源不断地送往摩擦表面进行润滑。例如，曲轴主轴承、连杆轴承及凸轮轴轴承处等承受的载荷及相对运动速度较大，需要以一定压力将机油输送到摩擦面的间隙中，方能形成油膜以保证润滑。这种润滑方式称为压力润滑。

二维码 6-1：压力润滑视频

（2）飞溅润滑：利用发动机工作时运动零件飞溅起来的油滴或油雾来润滑摩擦表面。这种润滑方式可使裸露在外面承受载荷较轻的气缸壁、相对滑动速度较小的活塞销以及配气机构的凸轮表面、挺柱等得到润滑。

（3）定期润滑：发动机辅助系统中有些零件只需定期加注润滑脂（黄油）进行润滑。例如水泵及发电机轴承就是采用这种方式进行润滑。

二维码 6-2：飞溅润滑视频

（4）自润滑：近几年在有些汽车发动机上采用了含耐磨材料的轴承，来替代加注润滑脂的轴承。这种轴承在其使用过程中无须加注润滑脂，被称为自润滑轴承。

如上所述，后两种润滑方式不属于发动机润滑系统的工作范围。

3. 润滑系统组成

如图 6-1 所示，润滑系统一般由机油泵、油底壳、机油管、机油道、机油滤清器、机油散热器、各种阀、传感器和机油压力表、温度表等组成。现代汽车发动机润滑系统的组成及油路布置方案大致相似，只是由于润滑系统的工作条件和具体结构的不同而稍有差别。

二维码 6-3：润滑系统的组成视频

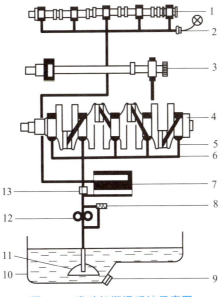

图 6-1 发动机润滑系统示意图

1—凸轮轴；2—压力开关；3—中间轴；4—曲轴；5—分油道；6—主油道；7—机油滤清器；
8—安全阀；9—放油螺塞；10—油底壳；11—机油集滤器；12—机油泵；13—旁通阀

（1）供给装置：发动机润滑系统的供给装置包括油底壳、机油泵、机油管、机油道及安全阀和限压阀等，其作用是保证机油以一定的压力、流量、路线对发动机各润滑部位进行循环润滑。

（2）滤清装置：发动机润滑系统的滤清装置包括集滤器、粗滤器、细滤器、旁通阀等，其作用是清除机油中的各种磨屑和杂质，以保证机油具有足够的清洁度。

（3）指示装置：发动机润滑系统的指示装置包括机油压力表、机油压力传感器、机油压力报警指示灯、机油道堵塞指示器、机油警报器等，其作用是使驾驶员及时了解和掌握发动机润滑系统的压力情况，以保证发动机正常运转。

4. 润滑系统油路

在发动机润滑系统中，机油的循环路线称为油路。

（1）全流过滤式机油路。

如图6-2所示，机油泵将油底壳中的机油经机油集滤器吸入，使之形成一定的压力，然后输送到机油滤清器中，机油经滤清器过滤后又进入气缸体的主油道，并经主油道通往曲轴各道主轴承的分油道，进入曲轴主轴承与主轴颈的间隙处进行润滑，再经曲轴主轴颈与连杆轴颈之间的斜油道到达连杆轴颈与连杆轴承的间隙处润滑，并由此经连杆大头喷油孔周期性地将机油喷到受侧压力最大的左侧气缸壁和活塞上，以加强该处的润滑和冷却。

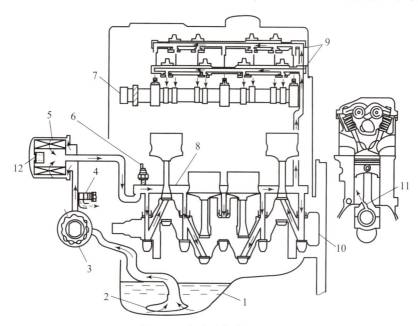

图6-2 全流过滤式机油路

1—油底壳；2—机油集滤器；3—机油泵；4—限压阀；5—机油滤清器；6—机油压力传感器；
7—凸轮轴；8—主油道；9—摇臂轴；10—曲轴；11—连杆大头喷油孔；12—旁通阀

在主油道的右端，有一沿气缸体竖直向上的分油道，机油由此油道，经气缸垫、气缸盖上与之相对的油孔，到达气门摇臂轴内腔，并由此经分油道至凸轮轴各道轴颈和轴承的间隙以及各摇臂衬套与摇臂轴的间隙处进行润滑。由摇臂轴和各摇臂衬套及径向小孔喷出的机油周期性地喷到凸轮轴各凸轮的表面进行润滑。在主油道上装有机油压力传感器，用以时刻检测油路中的机油压力，并通过仪表盘上的机油压力表或其他指示装置显示出来。

发动机工作时，机油泵一直不停地将机油压送到各摩擦表面，润滑各工作面后回到油底壳，循环流动，从而实现了对各零件摩擦表面的润滑、清洗、冷却和密封等作用。

当机油滤清器堵塞时，油路中的机油压力升高，将旁通阀打开，使机油直接从滤清器滤芯中心进入主油道，以保证各零部件的润滑。

（2）并联过滤式机油路。

如图6-3所示，在发动机工作时，机油泵经固定式滤清器从油底壳中吸入机油，经机油泵加压后分两路：大部分（约90%）机油经机油粗滤器滤去较大的杂质后流入纵向主油道；小部分（约10%）机油经进油限压阀进入机油细滤器内分离出较细的杂质后流回油底壳。

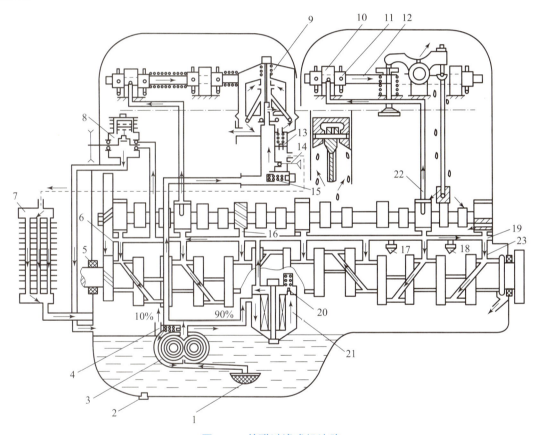

图6-3 并联过滤式机油路

1—机油集滤器；2—放油螺塞；3—机油泵；4—限压阀；5—曲轴前油封；6—喷油嘴；7—机油散热器；8—空气压缩机；9—机油细滤器；10—摇臂轴支座；11—摇臂；12—摇臂轴；13—机油散热器安全阀；14—机油散热器开关；15—进油限压阀；16—机油泵和分电器传动轴；17—机油压力过低传感器；18—机油压力传感器；19—主油道；20—旁通阀；21—机油粗滤器；22—向上油道；23—横油道

若机油压力低于100 kPa，机油细滤器的进油限压阀关闭，此时细滤器停止进油，保证机油进入主油道，润滑各零件的表面。当机油压力高于100 kPa时，限压阀开启，此时细滤器工作。这种机油路为主油道和机油粗滤器串联，它们与机油细滤器为并联。目前，柴油发动机多采用全流过滤式机油路。

（二）润滑系统主要部件的结构与工作原理

1. 机油泵

（1）机油泵的作用和类型。

1）作用：提高机油压力，保证机油在润滑系统内不断循环流动。

2）类型：目前发动机润滑系统中广泛采用的是外啮合齿轮式机油泵、内啮合转子式机油泵及叶片式机油泵等。

（2）齿轮式机油泵的结构与工作原理。

齿轮式机油泵的结构如图6-4所示，它由集滤器、主动轴、主动齿轮、从动轴、从动齿轮和油泵壳等组成，两个齿数相同的齿轮相互啮合，装在壳体内，齿轮与壳体的径向和端面间隙很小。主动轴与主动齿轮用键连接，从动齿轮空套在从动轴上。

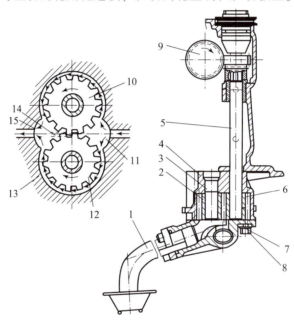

图6-4 齿轮式机油泵结构

1—集滤器；2—从动轮；3—从动轴；4—油泵壳；5—主动轴；6—主动轮；7—泵盖；8—螺钉；9—中间轴传动齿轮；10—主动齿轮；11—进油腔；12—从动齿轮；13—泵体；14—泄油阀；15—出油腔

二维码6-4：齿轮式机油泵视频

工作时，主动齿轮带动从动齿轮反向旋转。两齿轮旋转时，充满在齿轮齿槽间的机油沿油泵壳壁由进油腔被带到出油腔，在进油腔一侧由于齿轮脱开啮合以及机油被不断带出而产生真空，使油底壳内的机油在大气压力的作用下经集滤器进入进油腔，而在出油腔一侧由于齿轮进入啮合和机油被不断带入而产生挤压作用，机油以一定压力被泵出。

齿轮式机油泵结构简单，机械加工方便，工作可靠，使用寿命长，应用较广泛。

（3）转子式机油泵的结构与工作原理。

转子式机油泵的结构如图6-5所示，其主要由壳体、内转子、外转子和泵盖等组成。

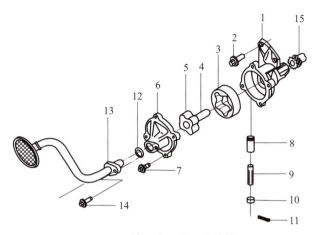

图 6-5 转子式机油泵的结构

1—机油泵壳体；2—组合螺栓；3—机油泵外转子；4—机油泵主动轴；5—机油泵内转子；
6—机油泵盖；7—组合螺栓；8—柱塞；9—弹簧；10—堵盖；11—开口销；
12—O 形橡胶密封环；13—集滤器；14—螺栓；15—驱动齿轮

内转子用键或销子固定在转子轴上，由曲轴齿轮直接或间接驱动，内转子和外转子中心的偏心距为 e，内转子带动外转子一起沿同一方向转动。内转子有 4 个凸齿，外转子有 5 个凹齿，这样内、外转子同向不同步的旋转。

转子齿形齿廓的设计使得转子转到任何角度时，内、外转子每个齿的齿形廓线上总能互相成点接触。这样内、外转子间形成 4 个工作腔，随着转子的转动，这 4 个工作腔的容积不断变化。在进油道的一侧空腔，由于转子脱开啮合，容积逐渐增大，产生真空，机油被吸入，转子继续旋转，机油被带到出油道的一侧，这时转子正好进入啮合，使这一空腔容积减小、油压升高，机油从齿间挤出并经出油道压送出去。这样，随着转子的不断旋转，机油就不断地被吸入和压出。

转子式机油泵结构紧凑，外形尺寸小，重量轻，吸油真空度较大，泵油量大，供油均匀度好，成本低，在中、小型发动机上应用广泛。

2. 机油滤清器

（1）滤清器的作用和类型。

1）作用：在发动机工作时，金属磨屑和大气中的尘埃以及燃料燃烧不完全所产生的炭粒会渗入到机油中，机油本身也因受热氧化而产生胶状沉淀物，导致机油中含有杂质。如果把这样的脏机油直接送到运动零件表面，则机油中的机械杂质就会成为磨料，加速零件的磨损，并引起油道堵塞及活塞环、气门等零件胶结。因此必须在润滑系统中设置机油滤清器，其作用是使循环流动的机油在送往运动零件表面之前得到净化处理，以保证摩擦表面的良好润滑，延长其使用寿命。

二维码 6-5：转子式机油泵视频

2）类型：一般润滑系统中装有几个具有不同滤清能力的滤清器，即集滤器、粗滤器和细滤器，分别串联和并联在主油道中。与主油道串联的滤清器称为全流式滤清器，一般为粗滤器；与主油道并联的滤清器称为分流式滤清器，一般为细滤器，过油量为 10%～30%。其中，小型车用发动机一般都采用全流式滤清器。

（2）集滤器的结构与工作原理。

二维码6-6：集滤器视频

集滤器是具有金属网的滤清器，安装于机油泵进油管上，其作用是防止较大的机械杂质进入机油泵。目前广泛采用的是固定式集滤器，其淹没在油面之下，吸入的机油清洁度较差，但可防止泡沫吸入，润滑可靠，结构简单，如图6-6所示。

（3）粗滤器的结构与工作原理。

粗滤器用于滤去机油中粒度较大的杂质，机油流动阻力小，其通常串联在机油泵与主油道之间，属于全流式滤清器。粗滤器是过滤式滤清器，其工作原理是，当机油通过细小的孔眼或缝隙时，大于孔眼或缝隙的杂质将留在滤芯的外部。根据滤芯的不同，粗滤器有各种不同的结构形式，现多采用纸质式。

纸质粗滤器的滤芯是用微孔滤纸制成的，为了增大过滤面积，微孔滤纸一般都折叠成扇形和波纹形，如图6-7所示。微孔滤纸经过酚醛树脂处理，具有较高的强度及抗腐蚀能力和抗水湿性能，具有重量轻、体积小、结构简单、滤清效果好、过滤阻力小、成本低和保养方便等优点，得到了广泛的应用。

图6-6　固定式集滤器

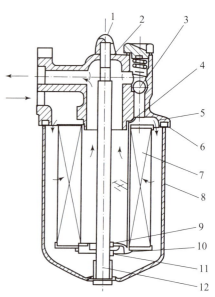

图6-7　纸质粗滤器

1—盖形螺母；2—垫圈；3—旁通阀；4—O形密封圈；5—底座；6—外壳密封圈；7—纸质滤芯；8—外壳；9—拉杆密封圈；10—托板；11—压紧弹簧；12—拉杆

（4）细滤器。

机油细滤器用以清除细小的杂质，这种滤清器对机油的流动阻力较大，故多做成分流式。它与主油道并联，只有少量的机油通过细滤器滤清后又回到油底壳。细滤器有过滤式和离心式两种，过滤式机油细滤器存在着滤清能力与通过能力的矛盾，因此目前多数发动机采用离心式细滤器。

（5）复合式滤清器。

现代轿车发动机为了简化结构和方便更换，采用细滤芯与粗滤芯串联，而且设置在同一外壳内的复合式滤清器。其主要由外壳、褶纸滤芯、尼龙滤芯、止回阀和旁通阀等组成，如图6-8所示。

如图6-9所示，从油底壳来的机油从端盖周边的机油孔进入滤清器内，由外向内流过褶纸滤芯和尼龙滤芯，经过滤后进入滤清器中心油腔。当机油压力大于止回阀的弹簧弹力时，推开止回阀，过滤后的机油流向发动机主油道。褶纸滤芯为粗滤芯，尼龙滤芯为细滤芯。

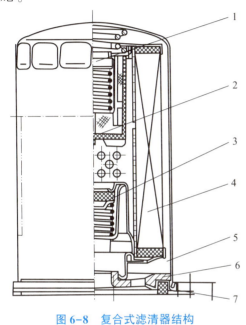

图6-8 复合式滤清器结构

1—旁通阀；2—尼龙滤芯；3—止回阀；4—褶纸滤芯；
5—滤清器壳；6—滤清器盖；7—密封圈

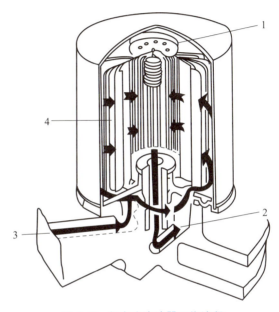

图6-9 复合式滤清器工作流程

1—旁通阀；2—通向发动机的清洁润滑油；
3—从油底壳来的润滑油；4—褶纸

为了安全起见，在滤清器上设置一个旁通阀。若滤芯被堵塞，则压力增大，使得旁通阀被打开，机油将绕过滤芯直达中心油腔，防止发动机缺少机油。当发动机停止运转时，机油泵也停止工作，滤清器中心油腔的压力下降，止回阀在弹簧的作用下关闭，维持发动机主油道内有足够的机油，以备下次发动机起动。

二维码6-7：滤清器视频

3. 机油散热器和机油热交换器

发动机运转时，由于机油黏度随温度的升高而变稀，故降低了润滑能力。因此，有些发动机选用了机油散热器或机油冷却器。其作用是降低机油温度，保持机油具有一定的黏度。

（1）机油散热器。

机油散热器由散热片、限压阀、开关和进出油管等组成，如图6-10所示。其结构与冷却液散热器相似。

机油散热器一般安装在冷却液散热器的前面，与主油道并联。机油泵工作时，一方面将机油供给主油道，另一方面经限压阀、机油散热器开关、进油管进入机油散热器内，冷却后从出油管流回机油盘，如此循环流动。

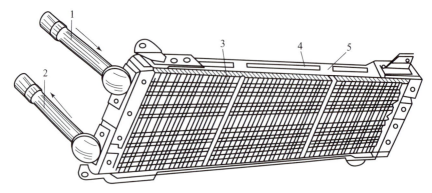

图 6-10 机油散热器

1—进油管；2—出油管；3—散热片；4—扁管；5—框架

（2）机油热交换器。

将机油热交换器置于冷却液管路中，利用冷却液的温度来控制机油的温度。当机油温度高时，靠冷却液降温，发动机起动时，则从冷却液吸收热量，使机油温度迅速提高。机油热交换器的结构包括由铝合金铸成的壳体、前盖、后盖和铜芯管，如图 6-11 所示。为了加强冷却，管外又套装了散热片。冷却液在管外流动，机油在管内流动，两者进行热量交换；也有使机油在管外流动，而冷却液在管内流动的结构。

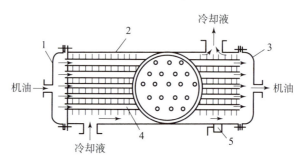

图 6-11 水冷式机油冷却器

1—前盖；2—壳体；3—后盖；4—铜芯管；5—放水开关

4. 阀门

在润滑系统中设有限压阀和旁通阀，以确保润滑系统正常工作。

（1）限压阀。

机油泵供油压力随发动机转速增加而增高，并且当润滑系统中油路堵塞、轴承间隙过小或使用的机油黏度过大时，也将使供油压力增高。因此，在润滑系统的机油泵和主油道中设有限压阀，限制机油的最高压力，以确保安全。

二维码 6-8：润滑系阀门视频

当机油泵（见图 6-12）和主油道（见图 6-13）上的机油压力超过预定的压力时，克服限压阀弹簧的作用力顶开阀门，一部分机油从侧面通道流入油底壳内，使油道内的油压下降至设定的正常值后，阀门关闭。

（2）旁通阀。

旁通阀用以保证润滑系统内的油路畅通，当机油滤清器堵塞时，机油通过并联在其上的

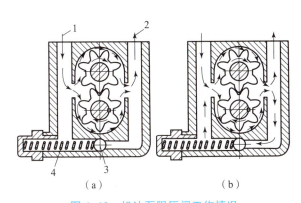

图 6-12 机油泵限压阀工作情况

(a) 限压阀关闭；(b) 限压阀打开

1—进油口；2—出油口；3—钢球；4—弹簧

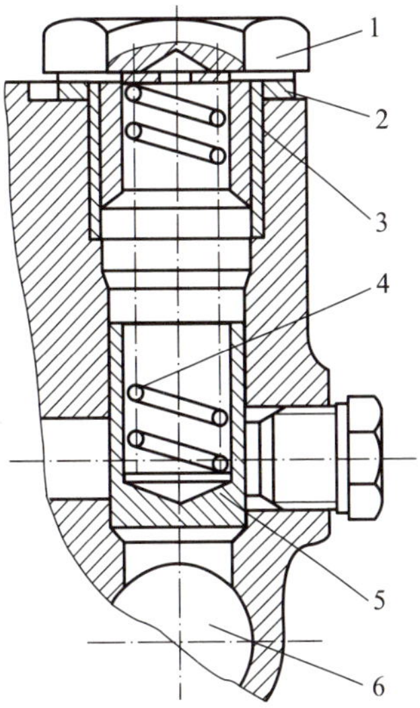

图 6-13 发动机主油道限压阀结构

1—螺塞；2—外调整垫片；3—内调整垫片；4—弹簧；5—柱塞；6—气缸体主油道

旁通阀直接进入润滑系统的主油道，以防止主油道断油。旁通阀与限压阀的结构基本相同，只是其安装位置、控制压力、溢流方向不同，通常旁通阀弹簧刚度要比限压阀弹簧刚度小得多。

5. 机油压力表

机油压力表用以指示发动机工作时润滑系统中机油压力的大小，一般多采用电热式机油压力表，它由油压表和传感器组成，中间用导线连接。传感器装在粗滤器或主油道上，它把感受到的机油压力传给油压表。油压表装在驾驶室内仪表板上，用以显示机油压力的大小。

现代轿车上，一般用机油压力报警指示灯来显示润滑系统的工作情况。打开点火开关，机油压力过低报警指示灯应点亮，在起动发动机后机油压力过低报警指示灯应熄灭为正常。否则，说明润滑系统有故障，应立即查找并排除。

二、任务实施

（一）拆装滤清器

1. 项目说明

客户的东风雪铁龙爱丽舍轿车到网点做一级维护，按照东风雪铁龙汽车公司的维护计划需对车辆进行机油和机油滤清器的更换及其他各项的检查，现结合东风雪铁龙爱丽舍轿车维护作业标准对车辆进行机油滤清器和机油的更换。

2. 技术要求与标准

（1）每位同学都能独立完成此项目。

(2)技术标准。

油底壳放油螺栓,拧紧力矩:30 N·m±2 N·m。

机油滤清器壳,拧紧力矩:25 N·m±2 N·m。

3. 设备器材

(1)东风雪铁龙爱丽舍轿车。

(2)两柱举升机。

(3)世达工具、扭力扳手。

4. 作业准备

(1)清洁场地。

(2)常用工具、车辆、机油及机油滤清器等物品的准备。

(3)准备作业单。

5. 操作步骤

(1)对机油油位、黏度、洁净程度等进行检查,如图6-14所示。

图6-14 发动机机油检查

(2)用举升机举起车辆并确保支撑安全,拆卸发动机下护板,如图6-15所示。

图6-15 拆卸发动机下护板

(3)检查发动机各种接触面、油封、放油螺栓等处是否漏油,如图6-16所示。

(4)将机油收集小车推到车下合适的位置,拆卸放油螺栓和垫片,排放发动机机油,如图6-17所示。

图 6-16 密封情况检查

图 6-17 拆卸放油螺栓和垫片

(5) 更换机油滤清器。

1) 把机油收集小车推走,将机油收集托盘放到车下;将车辆降至举升机下部;拆卸机油滤清器壳,如图 6-18 所示;分解机油滤清器,如图 6-19 所示。

图 6-18 拆卸机油滤清器壳

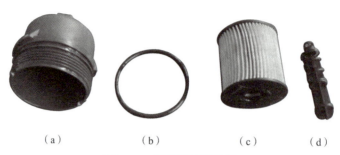

图 6-19 机油滤清器分解

(a) 机油滤清器壳；(b) 密封圈；(c) 机油滤芯；(d) 管状柱塞

2）检查和清洁机油滤清器安装表面。

3）在新的机油滤清器密封圈上涂清洁的发动机机油。

4）安装新的密封圈、滤芯和管状柱塞，轻缓地拧动机油滤清器壳使其就位，然后拧紧至 25 N·m±2 N·m。

注意：机油滤清器壳上有 1 个带有两个舌槽的 27 mm 六角螺帽。用力拉管状柱塞即可拉出滤芯，在取出滤芯时，管状柱塞打开了回油管道，使滤芯中的残余机油流到发动机油底壳中。每次保养时都应该更换密封圈、滤芯和管状柱塞。

(6) 再次举升车辆，在机油流出速度小于 1 滴/s 时，安装放油螺栓，拧紧至 30 N·m±2 N·m，如图 6-20 所示。之后安装发动机下护板。

图 6-20 安装放油螺栓

(7) 将车辆降至举升机底部加注发动机机油，通过注油孔注入约 3.2 L 机油，如图 6-21 所示。

(8) 油位检查。

将车停放在平坦路面上，预热发动机后熄火，至少等待 5 min 以上，检查量油尺以确保油位处于规定的范围内，如图 6-14 所示。

图 6-21 加注发动机机油

6. 记录与分析

拆装滤清器作业记录单见表 6-1。

表 6-1 拆装滤清器作业记录单

姓名		班级		学号		组别	
车型		发动机型号		作业单号		作业日期	
项目				操作情况			
机油更换前的液位检查							
黏度的检查							
污染及杂质的检查							
发动机各结合表面的漏油情况							
机油滤清器的安装表面							
机油滤清器壳的拧紧							
放油螺栓的拧紧							
添加机油后的液面检查							
添加机油后各结合表面的漏油情况							
结论							
建议处理意见							

学习任务 6 润滑系统结构与拆装

7. 宝马 530 实车拆装机油滤芯

二维码 6-9：实车拆卸机油滤芯视频

二维码 6-10：实车安装机油滤芯视频

（二）拆装机油泵

1. 项目说明

一辆东风雪铁龙轿车行驶近 300 000 km 进厂修理，客户反映该车辆在行驶过程中发动机机油压力报警灯经常闪烁，经维修业务接待检查，初步判定该车发动机机油泵工作不良，造成机油压力低，需要对机油泵进行拆装检测，确定故障，并更换新的机油泵。

2. 技术要求与标准

（1）每位同学都能独立完成此项目。

（2）技术标准。

油底壳放油螺栓，拧紧力矩：30 N·m± 2 N·m。

机油滤清器壳，拧紧力矩：25 N·m± 2 N·m。

机油泵×气缸体，拧紧力矩：10 N·m± 1 N·m。

油底壳×气缸体，拧紧力矩：8 N·m± 1 N·m。

曲轴前端盖×气缸体，拧紧力矩：10 N·m± 1 N·m。

3. 设备器材

（1）东风雪铁龙爱丽舍轿车。

（2）两柱举升机。

（3）世达工具、扭力扳手。

（4）发动机吊装小车。

（5）发动机翻转架。

4. 作业准备

（1）清洁场地。

（2）常用工具、车辆、机油及新机油泵等物品的准备。

（3）准备作业单。

5. 操作步骤

（1）按照机油滤清器拆装的有关技术要求分别拆下油底壳放油螺栓，排放机油，并拆下机油滤清器。

（2）排放冷却液，拆卸各种线束，拆下发动机，用发动机吊装小车将发动机吊出发动机舱，如图 6-22 所示。

（3）将发动机固定在发动机翻转架上，按照气门传动组拆装的技术要求拆下正时皮带和曲轴正时齿轮。拆卸油底壳，如图 6-23 所示。

图 6-22 吊出发动机

图 6-23 拆卸油底壳

（4）拆卸曲轴前端盖，如图 6-24 所示。

图 6-24 拆卸曲轴前端盖

(5) 拆卸外啮合齿轮式机油泵,如图 6-25 所示。

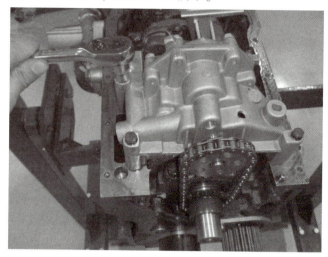

图 6-25 拆卸机油泵

(6) 对机油泵进行分解,以便于对机油泵的各个间隙进行检查,如图 6-26 所示。

图 6-26 分解机油泵

(7) 经检查,机油泵内部间隙过大,需要更换新的机油泵。

1) 在安装新的机油泵前彻底清洗和干燥所有密封面、螺栓孔和螺栓。

2) 用硅酮膏涂抹结合面后,将新的机油泵安装到气缸体上,螺栓拧紧力矩为 10 N·m ±1 N·m。

3) 用密封膏涂抹曲轴前端盖和气缸体的结合面后,安装曲轴前端盖,螺栓拧紧力矩为 10 N·m±1 N·m。

4) 安装油底壳,螺栓拧紧力矩为 8 N·m±1 N·m。安装放油螺栓,拧紧力矩为 30 N·m±2 N·m。

5) 按照气门传动组拆装的技术要求,安装曲轴正时齿轮和正时皮带。

(8) 将发动机装回发动机舱,并安装机油滤清器,机油滤清器壳拧紧力矩为 25 N·m± 2 N·m。

(9) 加注冷却液,加注发动机机油并对油位进行检查。

6. 记录与分析

拆装机油泵作业记录单见表 6-2。

表 6-2 拆装机油泵作业记录单

姓名		班级		学号		组别	
车型		发动机型号		作业单号		作业日期	
项目				操作情况			
发动机机油的检查							
发动机的拆卸和安装							
正时皮带的拆卸和安装							
机油泵紧固螺栓的拧紧							
曲轴前端盖紧固螺栓的拧紧							
油底壳紧固螺栓的拧紧							
放油螺栓的拧紧							
机油滤清器的安装表面							
机油滤清器壳的拧紧							
添加机油后的液面检查							
安装后各结合表面的漏油情况							
结论							
建议处理意见							

7. 宝马 530 拆装机油泵

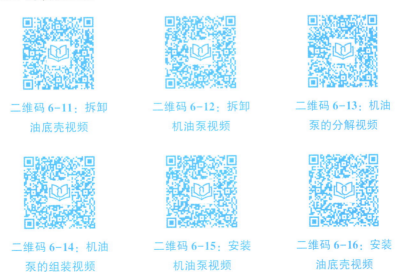

二维码 6-11：拆卸油底壳视频　　二维码 6-12：拆卸机油泵视频　　二维码 6-13：机油泵的分解视频

二维码 6-14：机油泵的组装视频　　二维码 6-15：安装机油泵视频　　二维码 6-16：安装油底壳视频

学习任务 7
汽油机燃料供给系统结构与拆装

客户的东风雪铁龙爱丽舍轿车进厂维修，车辆出现发动机无法起动问题，初步检查系统无油压，最终确定故障部位为汽油泵，更换汽油泵总成后故障排除。

通过本任务学习，应能：
1. 描述 ECU、传感器、执行器的结构原理与功能，并可在整车上进行拆装。
2. 分析发动机空气供给系统的组成与工作原理，并可在整车上进行拆装。
3. 分析发动机燃油供给系统的组成与工作原理，并可在整车上进行拆装。
4. 分析发动机排气系统的组成与工作原理。
5. 正确拆装发动机排气系统及排气净化装置。

一、知识准备

汽油机燃料供给系统的任务是，根据发动机各种不同工况的要求，配制出一定数量和浓度的可燃混合气供入气缸，并使之在临近压缩终了时点火燃烧而膨胀做功。最后，供给系统还应将燃烧所产生的废气排入大气中。

（一）电子控制燃油喷射系统的分类与组成

1. 汽油喷射系统的分类

（1）按汽油喷射系统的控制方式分类。

按照控制方式的不同，汽油机燃料喷射系统可分为机械控制式、电子控制式及机电混合控制式三种类型。近 10 年来电子控制汽油喷射系统（以下简称电控汽油喷射系统）得到了迅速而又充分的发展，成本大幅下降，使用可靠性和可维修性都达到了相当高的水平。

二维码 7-1：汽油喷射（EFI）系统

电子控制式燃油喷射系统是指由电控单元直接控制燃油喷射的系统，如图 7-1 所示。

此种燃油喷射系统的供油系统供给一定压力的燃油（此压力一般高于进气歧管压力 300 kPa 左右），燃油由喷油器喷入进气门附近（多点喷射）或节气门附近（单点喷射）的进气

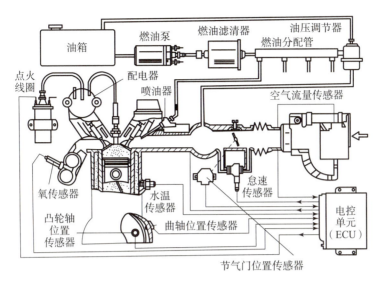

图 7-1 电子控制式燃油喷射系统

歧管内或直接喷入发动机气缸内与空气混合，而喷油器受电控单元（ECU）控制。ECU 通过控制每次喷油持续时间的长短来控制喷油量，喷油持续时间一般为 2~12 ms。喷油器持续喷油时间越长，其喷油量就越大。

根据控制方式不同，电子控制式燃油喷射系统又可分为开环控制系统和闭环控制系统。

1) 开环控制：不装氧传感器的电控燃油喷射系统。因控制精度不高，逐渐被淘汰。

2) 闭环控制：装有氧传感器的电控燃油喷射系统。氧传感器未达到工作温度之前，不能向 ECU 反馈信号，这时电控燃油喷射系统是开环控制；反之，称为闭环控制。但由于开环控制的时间较短，所以目前把装有氧传感器的电控燃油喷射系统称为闭环控制系统。

（2）按喷油器喷射部位分类。

按照喷油器喷射燃油的部位不同，发动机燃油喷射系统可分为缸内喷射系统和缸外喷射系统两种类型。

二维码 7-2：闭环反馈控制

1) 缸内喷射系统。通过安装在气缸盖上的喷油器，将汽油直接喷入气缸内。这种喷射系统需要较高的喷射压力（为 3~5 MPa），因而喷油器的结构和布置都比较复杂，目前极少应用。其一般应用于燃烧稀混合气的轿车发动机，如一汽大众在 2005 年 10 月生产的奥迪 A6L 2.0T FSI 轿车采用的就是汽油直接喷射式涡轮增压发动机技术，它与缸外汽油喷射系统相比具有高效及低油耗等优点。

2) 缸外喷射系统，也称进气管喷射系统。它是将喷油器安装在节气门或进气门附近的进气歧管上，以 0.20~0.35 MPa 的喷射压力将汽油喷入进气管或进气道内。目前，汽车燃油喷射系统大多采用缸外喷射系统。

缸外喷射系统又分为单点喷射系统和多点喷射系统两种类型，如图 7-2 所示。

二维码 7-3：N53 汽油直喷

①单点喷射系统：在节气门前方安装一只或两只喷油器，向进气歧管喷油形成初步的可燃混合气，在进气行程时，可燃混合气被吸入气缸内。

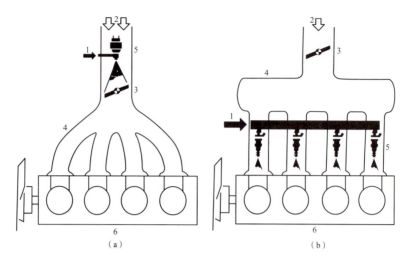

图 7-2 单点喷射系统和多点喷射系统示意图

(a) 单点喷射;(b) 多点喷射

1—燃料;2—空气;3—节气门;4—进气歧管;5—喷油器;6—发动机

这种系统结构简单,但混合气浓度不易精确控制,因此该系统已逐渐被淘汰。

②多点喷射系统:在每一个气缸进气门前的进气道内分别安装一只喷油器,实行各缸分别供油。多点喷射因控制精确而被广泛采用。

(3) 按喷油器喷油方式分类。

按照喷油器喷油方式的不同,电子控制燃油喷射系统可分为连续喷射式系统和间歇喷射式系统两大类型。

1) 连续喷射式系统。在发动机工作期间,喷油器连续不断地向进气道内喷油,且大部分汽油是在进气门关闭时喷射的。这种喷射方式大多用于机械控制式或机电混合控制式汽油喷射系统。

2) 间歇喷射式系统。在发动机工作期间,汽油被间歇地喷入进气道内。电控汽油喷射系统都采用间歇喷射方式。间歇喷射还可按各缸喷射时间的不同分为同时喷射、顺序喷射和分组喷射等三种形式,如图 7-3 所示。

二维码 7-4:燃油喷射方式

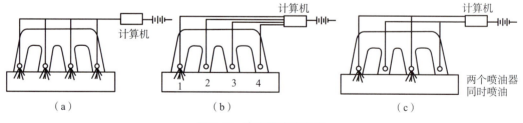

图 7-3 喷油器喷油方式

(a) 同时喷射;(b) 顺序喷射;(c) 分组喷射

①同时喷射:是指在发动机运转期间,由 ECU 的同一个指令控制所有喷油器同时开启或同时关闭。当采用分组喷射或顺序喷射的燃油喷射系统发生故障、控制系统处于应急状态运行时,一般都采用同时喷射方式喷油。其目的是供给充足的燃油维持发动机运转,以便将汽车行驶到维修厂进行修理。

②顺序喷射：是指在发动机运转期间，由 ECU 控制喷油器按进气行程的顺序轮流喷射燃油，顺序喷射又称为次序喷射。

二维码 7-5：同时喷射　　　　二维码 7-6：顺序喷射

③分组喷射：是指将喷油器分组，由 ECU 分别发出指令控制各组喷油器喷射燃油。大部分中、低档轿车均采用分组喷射方式喷油。

（4）按空气量的检测方式分类。

电控汽油喷射系统是以电控单元为控制中心，利用安装在发动机上的各种传感器测出发动机的各种运行参数，再按照电脑中预存的控制程序精确地控制喷油器的喷油量，使发动机在各种工况下都能获得最佳空燃比的可燃混合气。目前，各类汽车上所采用的电控汽油喷射系统在结构上往往有较大的差别，在控制原理及工作过程方面也各具特点。

1）波许 D 型（D 叶特朗尼克）汽油喷射系统。

波许 D 型汽油喷射系统是最早应用在汽车发动机上的电控多点间歇式汽油喷射系统，其基本特点是以进气管压力和发动机转速作为基本控制参数，用来控制喷油器的基本喷油量，其结构如图 7-4 所示。汽油箱内的汽油被电动汽油泵吸出并加压至 0.35 MPa 左右，经汽油滤清器滤除杂质后被送至燃油分配管。燃油分配管与安装在各缸进气歧管上的喷油器相通。在燃油分配管的末端装有油压调节器，用于调节油压使其保持稳定，多余的汽油经回油管返回汽油箱。

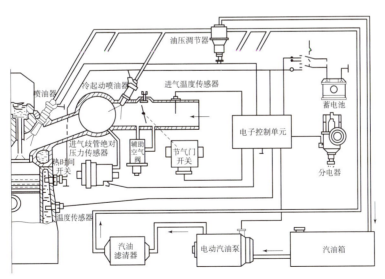

图 7-4　波许 D 型（D 叶特朗尼克）汽油喷射系统

2）波许 L 型（L 叶特朗尼克）汽油喷射系统。

波许 L 型汽油喷射系统是在波许 D 型汽油喷射系统的基础上，在 20 世纪 70 年代发展起来的多点间歇式汽油喷射系统。其构造和工作原理与 D 型基本相同，只是 L 型汽油喷射系统采用翼片式空气流量计直接测量发动机的进气量,并以发动机的进气量和发动机转速作为基本控制参数,从而提高了喷油量的控制精度,如图7-5所示。

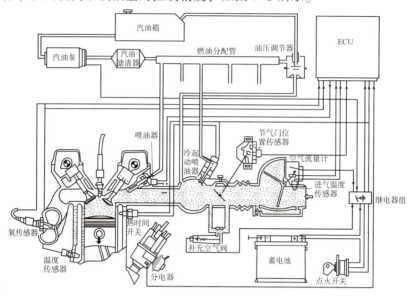

图7-5 波许L型（L叶特朗尼克）汽油喷射系统

3）波许LH型（LH叶特朗尼克）汽油喷射系统。

波许LH型汽油喷射系统是波许L型汽油喷射系统的变型产品,如图7-6所示。两者的结构与工作原理基本相同,不同之处是LH型采用热线式空气流量计,而L型采用翼片式空气流量计。热线式空气流量计无运动部件,进气阻力小,信号反应快,测量精度高。另外,LH型汽油喷射系统的电控装置采用大规模数字集成电路,运算速度快,控制范围广,功能更加完善。

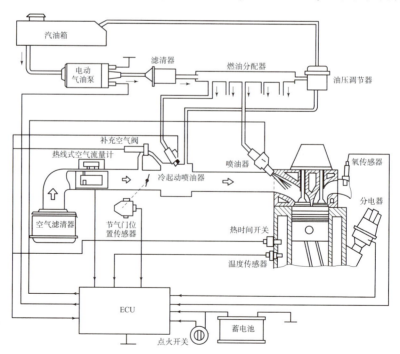

图7-6 波许LH型（LH叶特朗尼克）汽油喷射系统

4）波许 M 型（M 莫特朗尼克）汽油喷射系统。

波许 M 型汽油喷射系统是将波许 L 型汽油喷射系统与电子点火系统结合起来，用一个由大规模集成电路组成的数字式微型计算机同时对这两个系统进行控制，从而实现了汽油喷射与点火的最佳配合，进一步改善了发动机的起动性、怠速稳定性、加速性、经济性和排放性，如图 7-7 所示。

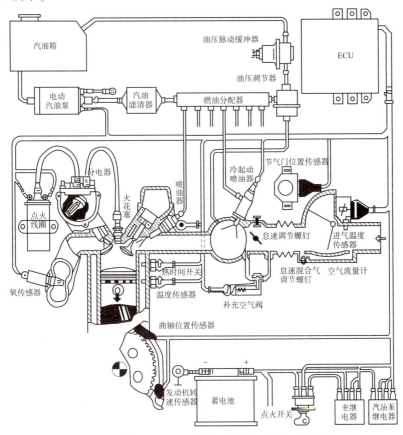

图 7-7　波许 M 型（M 莫特朗尼克）汽油喷射系统

2. 电子控制燃油喷射系统的组成

现代汽油发动机的燃料供给系统全部采用电子控制燃油喷射系统，该系统虽然种类繁多，但组成和工作原理基本相同，其主要由空气供给系统、燃油供给系统和电子控制系统三大部分组成。

（二）空气供给系统主要部件的结构与工作原理

汽油发动机空气供给系统的功用是向发动机提供燃烧所需的清洁空气，并测量和控制进入气缸的空气量。发动机的空气供给系统由各种传感器和节气门体、导流管、空气滤清器、进气总管和进气歧管等组成，有的还带有增压系统。

1. 空气流量计

空气流量计是测量发动机进气量的装置，也称为空气流量传感器。它的功用是将吸入的空气量转换为电信号传送给发动机 ECU，是发动机 ECU 确定发动机基本喷油量的重要信号之一。根据测量原理的不同，空气流量计又分为热线式、热膜式和卡门旋涡式三种。

（1）热线式空气流量计的结构与工作原理。

热线式空气流量计的基本原理：在空气通道中放置一发热体，空气流经发热体时带走其热量，对发热体进行冷却，发热体周围通过的空气流量越多，被带走的热量也就越多。热线式空气流量计就是利用热线与空气之间的这种热传递现象进行空气质量流量测量的。

如图7-8所示，进气道的两端设有金属防护网，防护网用卡箍固定在壳体上，取样管置于进气道中间，管内架有一根极细的铂线（直径约为0.07 mm），铂线被电流加热至120 ℃左右，所以被称为热线。在热线式空气流量计电路中，热线是惠斯顿电桥电路的一部分，如图7-9所示，混合集成控制电路调节电桥的电流，使电桥保持平衡。当空气流经流量计时，进入取样管的气流流经热线周围，使其冷却，温度下降，电阻也随之减小。热线电阻的减小使电桥失去了平衡，此时混合集成控制电路会自动增加供给热线的电流，使热线恢复原来的温度和电阻值，直至电桥恢复平衡。混合集成控制电路所增加电流的大小取决于热线被冷却的程度，也就是取决于通过流量计的空气流速。由于电流的增加，电阻的电压降也会增加，这就将电流的变化转换为电压的变化。当发动机ECU接收到电压信号后，会计算出通过流量计的空气量。

二维码7-7：空气流量计工作

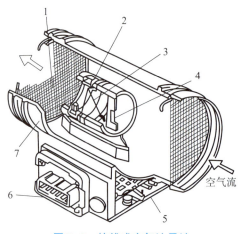

图7-8 热线式空气流量计

1—金属防护网；2—取样管；3—铂线；4—温度补偿电阻；5—控制电路板；6—电源插座；7—壳体

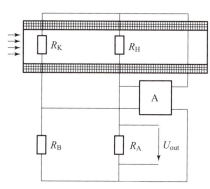

图7-9 热线式空气流量计测量原理

A—混合集成电路；R_H—白金热线电阻；R_K—温度补偿电阻；R_A—精度电阻；R_B—电桥电阻

发动机ECU对热线还具有自清洁功能，在每次发动机停止运转后，ECU便会对热线进行通电，使热线温度达到1 000 ℃左右，时间为1~2 s，以清除热线上的污物。

（2）热膜式空气流量计的结构与工作原理。

热膜式空气流量计的结构与工作原理和热线式空气流量计基本相同，其结构如图7-10所示。它是将热体由热线改为了热膜，热膜是将发热金属铂固定在薄的树脂膜上而构成的。这种结构可使发热体不直接承受空气流动所产生的作用力，增加了发热体的强度，使其可靠、耐用，不会因粘附污物而影响其测量精度，以提高其使用寿命。

热线式和热膜式空气流量计能测量出空气质量流量，避免了海拔高度（压力）引起的误差，并且其响应时间短、测量精度高，被广泛应用于现代汽车发动机电控燃油喷射系统中。

（3）卡门旋涡式空气流量计的结构与工作原理。

卡门旋涡式空气流量计在进气道的正中间有一个锥形的涡流发生器，故又称卡尔曼涡流式空气流量计。当空气流经涡流发生器时，在其后方的气流中会产生空气旋涡，这些旋涡移动的速度与空气流速成正比。因此，通过测量单位时间内旋涡的数量就可计算出空气流速和流量。根据检测方式的不同可分为反光镜检测方式的卡门旋涡式空气流量计和超声波检测方式的卡门旋涡式空气流量计。

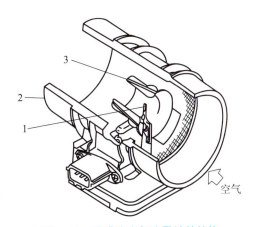

图7-10 热膜式空气流量计的结构

1—热膜；2—进气流量计壳体；3—取样管

二维码7-8：热膜式空气流量计结构组成

二维码7-9：卡门旋涡式空气流量计

2. 进气歧管绝对压力传感器

进气歧管绝对压力传感器的功用是通过检测进气歧管内的绝对压力，将其转变为电压信号输送到发动机的ECU，发动机的ECU据此和发动机转速信号确定实际进气量。进气歧管绝对压力传感器的种类较多，下面以电子控制燃油喷射系统中应用较多的半导体压敏电阻式进气歧管绝对压力传感器为例介绍其结构和工作原理。

半导体压敏电阻式进气歧管绝对压力传感器是利用半导体的压阻效应制造而成的。它的特点是尺寸小、精度高、成本低、响应性和抗振性好，因而被广泛采用。如图7-11所示，其主要由压力转换元件、集成电路、滤清器和壳体等组成。

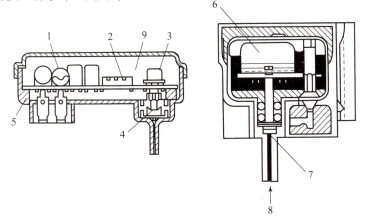

图7-11 半导体压敏电阻式进气歧管绝对压力传感器

1—EMI过滤器；2—集成电路；3、6—压力转换元件；4、7—滤清器；5—壳体；8—连接管；9—真空室压力转换元件是利用半导体的压阻效应制成的硅膜片。硅膜片的一面是真空室，另一面通过连接管路与进气歧管相通。硅膜片为约 3mm 的正方形，其中部分经光刻腐蚀形成直径约 2 mm、厚度约 0.05 mm 的薄膜，薄膜周围有四个应变电阻，组成惠斯顿电桥，如图 7-12 所示。薄膜的一侧是真空室，另一侧进气歧管中处于绝对压力状态，当进气歧管内的绝对压力发生变化时，硅膜片也产生变形，附着在薄膜上的应变电阻的阻值与变形成正比例关系。因此即可通过惠斯顿电桥将硅膜片的变形转换为电信号，经集成电路放大后输入到发动机的ECU。传感器输出的信号电压具有随进气歧管绝对压力的增大呈线性增大的特性。

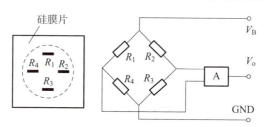

图 7-12　半导体压敏电阻式进气歧管绝对压力传感器工作原理

3. 节气门体

节气门体的主要功用是通过改变节气门开度的大小来改变进气通道的横截面积，从而改变发动机的进气量，控制发动机的运转工况。节气门体位于空气流量计之后的进气管上，包括节气门、节气门位置传感器、怠速旁通气道和怠速调整螺钉等，如图 7-13 所示。还有的车型发动机将怠速控制阀、怠速空气阀等安装在节气门体上。

图 7-14 所示为德国大众车系 AJR 发动机上使用的节气门体结构。其特点是没有旁通道式的怠速空气阀，没有怠速调整螺钉（发动机的怠速是通过专用仪器对电控单元中的怠速数据进行基本设定的）。它对发动机怠速的控制是利用怠速电动机及其传动机构直接控制节气门的开度来调节怠速的空气进气量的。节气门开度是由驾驶员通过操纵加速踏板来进行控制，并由节气门电位计将其转换成电信号后输入发动机的 ECU 的。这种节气门体结构紧凑，可靠性好。

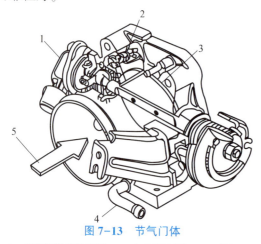

图 7-13　节气门体
1—节气门位置传感器；2—怠速调整螺钉；3—节气门；
4—冷却液连接管；5—从空气滤清器来的空气

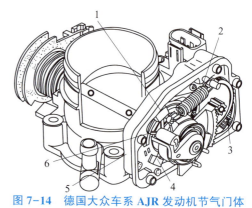

图 7-14　德国大众车系 AJR 发动机节气门体
1—怠速节气门电位计；2—应急弹簧；3—怠速电动机；
4—节气门电位计；5—节气门控制器；6—怠速开关

(1) 节气门位置传感器。

节气门位置传感器的功用是将节气门的开度信号转换成电压信号输送到发动机的ECU，以便在节气门不同开度状态下控制喷油器的喷油量。目前，车上常用线性式节气门位置传感器。

线性式节气门位置传感器的结构如图7-15所示，它是一种高灵敏度的电位器，由两个与节气门联动的可动电刷触点、电阻器和怠速触点IDL等组成。

二维码7-10：讲解节气门

二维码7-11：节气门位置传感器

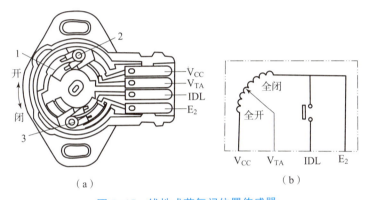

图7-15 线性式节气门位置传感器

(a) 结构图；(b) 电路图

1—电阻器；2—检测节气门开度用的电刷触点；3—检测节气门全闭用的电刷触点

将点火开关置于"ON"，发动机的ECU通过V_{CC}端子给传感器输入5V的参考电压。当节气门转动时，一个电刷触点可在电阻器上滑动，利用电阻值的变化，测得与节气门开度对应的线性输出电压，如图7-16所示。发动机的ECU根据输入的电压值可知节气门的开度，以对喷油量进行控制。

随着节气门开度的增大，节气门位置传感器输出电压线性增大。另一电刷触点在节气门关闭（怠速）时与怠速触点（IDL）接触，IDL主要给发动机的ECU提供怠速信号，用于急怠速断油控制和点火提前角的提前修正。

(2) 电子控制节气门。

电子控制节气门的功用是利用发动机ECU来精确地控制节气门开度。该系统主要由踏板位置传感器、ECU和节气门体等组成。

图7-17所示为丰田雷克萨斯LS400轿车1UZ-FE发动机和LS430轿车3UZ-FE发动机上的电子控制节气门。其主要由减速齿轮、节气门回位弹簧、节气门位置传感器、节气门和节气门控制电动机等组成。ECU控制流向节气门控制电动机电流量的大小和方向，使控制电动机转动或维持，并通过减速齿轮打开、关闭或维持节气门，节气门的实际开启角由节气门位置传感器检测并反馈给发动机ECU。

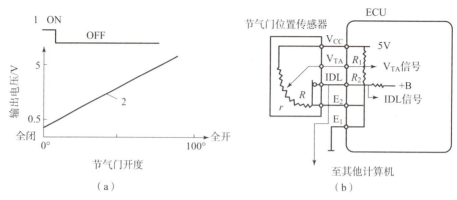

图 7-16 线性输出型节气门位置传感器输出特性及接线
(a) 输出特性曲线；(b) 与 ECU 的连接关系

V_{CC}—电源；V_{TA}—节气门开度输出信号；IDL—怠速触点；E—地线；1—怠速触点信号；2—节气门开度信号

在发动机不工作时，节气门回位弹簧使节气门开启到一个固定位置（大约为7°），而在怠速时节气门的开度反而要关闭到小于这个固定位置。

电子控制节气门能够进行以下控制：

1) 怠速控制。

一些发动机是利用步进电动机式怠速控制阀来实现怠速控制的，而电子控制节气门是通过ECU和节气门控制电动机控制节气门开度来完成对怠速的控制的。

2) 减少换挡冲击控制。

在变速器换挡期间，电子控制节气门与电控变速器之间能实现同步控制，以减少换挡冲击。

3) 巡航控制。

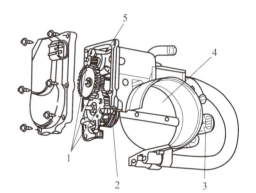

图 7-17 电子控制节气门（ETCS-i）

1—减速齿轮；2—节气门回位弹簧；3—节气门位置传感器；4—节气门；5—节气门控制电动机

以前，车速是由巡航控制执行器打开或关闭节气门来控制的，在采用 ETCS-i 之后，车速是通过 ECU 和节气门控制电动机控制节气门的开度来完成对巡航的控制的。

4. 导流管

现代轿车发动机由于各种附件的增多，安装到轿车上后发动机周围的空间十分紧张，轿车发动机罩盖下的温度也高，所以轿车发动机倾向于从车外吸气。因为车外环境温度一般要比机罩下温度低 30 ℃，故从车外吸入空气可使进气量增加 10%、燃油消耗率降低 3%。由于采用车外进气，故空气滤清器一般被安装在车内可利用的空间，然后用橡胶波纹管与空气进气导流管连接。为了增加一些谐振进气的效果以加快空气的流速，这种进气导流管往往设计得很长。为了降低进气噪声，有的进气导流管上还布置了谐振室。如图 7-18 所示列出了空气滤清器前导流管和谐振室的布置情况。

在大型货车、自卸车或矿山用车的空气滤清器进气口之前常装有很长的进气导流管，管口沿驾驶室伸至高处，吸取车外密度大、含尘少的空气。

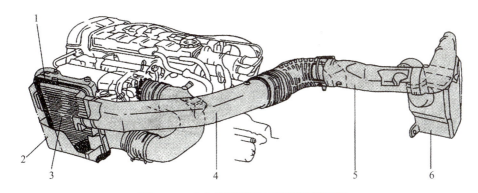

图 7-18 空气滤清器前导流管和谐振室

1—空气滤清器外壳；2—空气滤清器盖；3—滤芯；4—后进气导流管；5—前进气导流管；6—谐振室

5. 空气滤清器

发动机在工作过程中，燃油燃烧需要大量的空气。以普通轿车为例，每消耗 1L 燃油需要消耗 5 000~10 000 L 空气。大量的空气进入气缸，若不将其中的杂质或灰尘滤除，必然会加速气缸的磨损，缩短发动机的使用寿命。实践证明，若在发动机中不安装空气滤清器，则发动机寿命将缩短 2/3。空气滤清器如图 7-19 所示，作用是滤除空气中的尘埃和杂质，将清洁的空气送入燃烧室，以减少活塞与气缸套之间、活塞组之间及气门组之间的磨损。此外，空气滤清器还起着降低吸气噪声的作用。

空气滤清器一般由滤芯、壳体和密封圈组成。

干式纸质空气滤清器被广泛应用于各类汽车发动机上，如图 7-19 所示。空气从空气滤清器进气短管经滤网进入滤清器底部，再经纸质滤芯和空气滤清器出气短管流出滤清器，进入进气歧管。空气中粗大的杂质被滤网阻留，而细微的杂质则被滤芯滤除。纸质滤芯由经过树脂处理并折叠成波纹状的微孔滤纸制成。

干式纸质空气滤清器具有重量轻、成本低和滤清效果好等优点。

图 7-19 空气滤清器

6. 进气歧管

进气管包括进气总管和进气歧管。进气总管具有稳压的功能，可减小由于气缸进气而产生的空气脉动；进气歧管一般采用一缸一根式。

进气歧管位于电控汽油喷射发动机的节气门体与气缸盖进气道之间，作用是将进气均匀地分配到各个气缸。进气歧管多采用铝合金或塑料等制成，重量轻，壁面力求光滑，可充分利用进气管内的空气动力效应，进一步提高不同工况下的进气量，改善发动机的转矩输出特性。为了保证各缸配气均匀，对进气总管、进气歧管在形状、长短、容积等方面都提出了严格的设计要求。为此多数电子控制汽油机均采用长进气歧管，并将进气歧管设计成具有较大的弧度，以充分利用气流惯性效应，增加充气量，如图 7-20 所示。

二维码 7-12：拆进气歧管

二维码 7-13：安装进气歧管

图 7-20　进气歧管

（三）燃油供给系统主要部件的结构与工作原理

燃油供给系统的功用是向发动机提供燃烧所需要的燃油。喷油器根据来自 ECU 的控制信号，向进气管内进气门处喷射定量的燃油。燃油供给系统主要由燃油箱、电动燃油泵、输油管、燃油滤清器、油压调节器、燃油分配管、喷油器和回油管等组成，如图 7-21 所示。

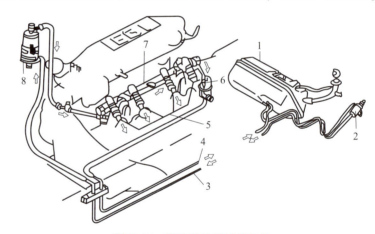

二维码 7-14：燃油系统的组成与工作原理

图 7-21　燃油供给系统的结构

1—燃油箱；2—电动燃油泵；3—输油管；4—回油管；5—喷油器；6—油压调节器；
7—燃油分配管；8—燃油滤清器

发动机工作时，电动燃油泵将燃油从燃油箱中泵出，经燃油滤清器过滤，再经油压调节器调压，使油路中的油压高于进气管压力 300 kPa 左右，最后经燃油分配管分配给各缸喷油器。喷油器在收到电控单元（ECU）发出的喷油指令时，将燃油喷射在进气门附近（喷油量由喷油器通电时间的长短来决定），并与空气供给系统提供的空气混合形成雾化良好的可燃混合气。当进气门打开时，混合气被吸入气缸。

当电动燃油泵供给的燃油增多，油路中的油压过高时，油压调节器将自动调节燃油压力，保证供给喷油器的油压基本不变，而供油系统过剩的燃油由回油管流回燃油箱。

1. 电动燃油泵

电动燃油泵的功用是将燃油从油箱中吸出，加压后提供给燃油系统，最后经喷油器喷出。电控燃油喷射系统的燃油压力一般为 0.2~0.3 MPa。电动燃油泵一般安装于油箱内部。

内装式燃油泵主要由电动机、涡轮泵、单向阀、泄压阀和滤网等组成,如图7-22所示。燃油先经滤网过滤,由叶轮流经电动机并由单向阀输入到油管中。

涡轮泵由叶轮、叶片、外壳和泵盖等组成。叶轮由电动机驱动,在离心力的作用下,叶片贴紧泵壳,将燃油经窄小缝隙由进油室驱至出油室从而加压,而且燃油在流经电动机的过程中起到了冷却电动机的作用。

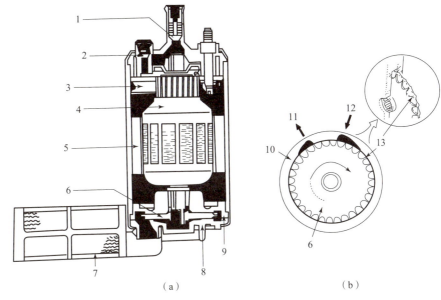

二维码7-15:电动燃油泵

图7-22 内装式燃油泵
(a)结构;(b)工作原理
1—单向阀;2—泄压阀;3—电刷;4—电枢;5—磁极;6—叶轮;7—滤网;8—泵盖;9—泵壳;10—壳体;11—出口;12—入口;13—叶片

燃油泵的单向阀可防止燃油倒流,并可保持管路的残余压力,以便于下次发动机起动。当发动机熄火,燃油泵刚刚停止泵送燃油时,单向阀便立即关闭,以保持燃油泵与调压器之间的燃油具有一定的压力,即管路内的残余压力。通常,燃油遇到高温会产生气化,从而引起燃油泵和喷油器的工作性能下降,造成发动机热起动困难。在燃油泵上设置单向阀的目的是使发动机熄火后保证油管中仍保持一定压力,以减少气阻现象,使发动机高温起动容易。

当燃油泵的输出油压达到400 kPa时,泄压阀打开,高压燃油回流至进油室,燃油在泵和电动机内部循环,防止管路内的油压过高。

(2)燃油泵的控制。

电控燃油喷射系统燃油泵的基本控制要求:只有在发动机处于运转状态时,燃油泵才开始泵油;在发动机停止运转时,接通点火开关燃油泵也不工作或工作时间很短。

通常燃油泵总是在一定转速下运转,因而其输出油量是不变的。但发动机在高速、大负荷工况下需要的油量大,故有必要提高燃油泵的转速以增加泵油量。而当发动机工作在低速、中小负荷工况时,应使燃油泵低速运转,以减小燃油泵的磨损及不必要的电能消耗。所以在一些发动机中对燃油泵设置了转速控制机构。图7-23所示为由燃油泵控制单元直接对燃油泵的转速进行控制的电路。

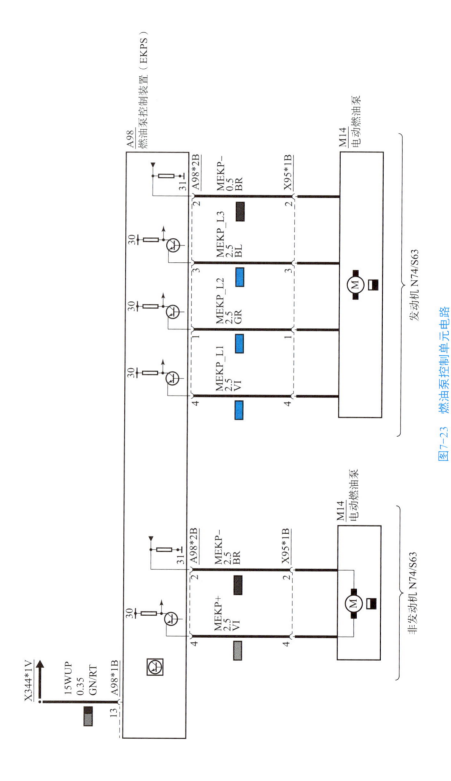

图7-23 燃油泵控制单元电路

2. 燃油滤清器

燃油滤清器的功用是滤除燃油中的氧化铁、粉尘等固体夹杂物，防止燃料系统堵塞，减小系统的机械磨损，确保发动机稳定运转，提高工作的可靠性。燃油滤清器通常安装在燃油泵之后的高压油路中。

燃油滤清器应具有过滤效果好、寿命长、压力损失小、耐压性能好、体积小、重量轻等特点。燃油滤清器主要由壳体和滤芯等组成，其结构如图7-24所示。

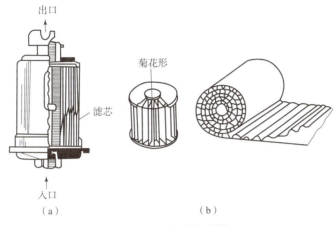

图7-24 燃油滤清器
（a）燃油滤清器的结构；（b）滤芯

燃油滤清器一般是整体成形的一次性产品，若滤芯堵塞，将使管路中的燃油压力下降，导致发动机起动困难、发动机功率降低，因此应按规定定期更换燃油滤清器。

3. 喷油器

喷油器的功用是根据ECU提供的电信号控制燃油喷射量，并将燃油适时、准确地喷入进气管内。它主要由滤网、电源插座、电磁线圈、复位弹簧、衔铁和针阀等组成，如图7-25所示。目前，采用缸外喷射的喷油器多安装在气缸盖的进气道上，喷嘴朝向进气门。

喷油器的工作原理：发动机ECU的喷油控制信号将喷油器与电路接通后，电磁线圈通电并产生磁场，吸引衔铁朝上移动，在衔铁的带动下针阀克服了弹簧弹力而打开，此时一定压力的燃油以雾状喷入进气道内。当发动机ECU将电路切断时，电磁力消失，弹簧使针阀关闭，喷射停止。发动机ECU利用电脉冲的宽度来控制喷油器每次喷油的时间，从而控制喷油量。一般情况下，喷油器每次喷油的时间为2~10ms，时间越长，喷油量就越大。

喷油器的种类较多，按用途可分为单点喷射（SPI）式和多点喷射（MPI）式两种；按燃料的送入部位可分为上部供油式和下部供油式两种；按喷油口形式可分为轴针式和孔式，孔式又分为球阀式和片阀式两种；按电磁线圈的阻值大小可分为低阻式（3~4Ω）和高阻式（12~17Ω）两种；按电磁线圈的控制方式可

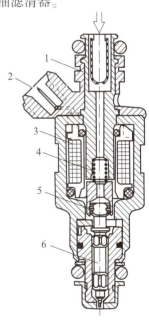

图7-25 喷油器
1—滤网；2—电源插座；3—电磁线圈；4—复位弹簧；5—衔铁；6—针阀

分为电压驱动式和电流驱动式两种。图7-26所示为几种常见的喷油器类型。

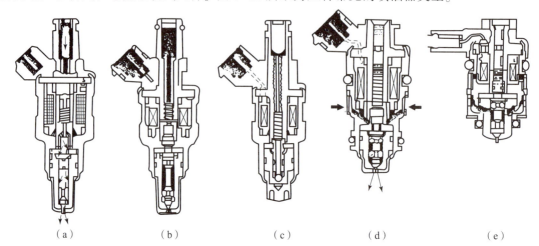

图7-26 各种不同形式的喷油器

(a) 轴针式；(b) 上部供油式；(c) 孔式；(d) 下部供油式；(e) 单点喷射式

喷油器阀体上都有O形密封圈，起支撑与密封作用，同时还可以起隔热作用，防止喷油器产生燃油蒸气泡，以保证良好的热起动性能。

（1）轴针式喷油器的结构与工作原理。

轴针式喷油器主要由外壳、喷油嘴、针阀、套在针阀上的衔铁和电磁线圈等组成，如图7-27所示。当电磁线圈没有电流通过时，喷油器内的针阀被螺旋弹簧压在喷油器出口处的密封锥形阀座上；当电磁线圈有电流通过时，有磁场产生，吸动衔铁上移，衔铁带动针阀从其座面上升约0.1mm，此时燃油喷出。为了使燃油充分雾化，针阀前端磨出一段喷油轴针。

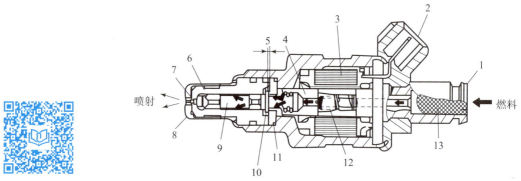

二维码7-16：轴针式喷油器的结构

图7-27 轴针式喷油器结构

1—油管接头；2—电源接头；3—电磁线圈；4—衔铁；5—行程；6—阀体；7—喷口部位；8—壳体；9—针阀；10—凸缘部位；11—调整垫；12—弹簧；13—滤网

（2）球阀式喷油器的结构与工作原理。

球阀式喷油器与轴针式喷油器的主要区别在于针阀的结构，如图7-28所示。球阀的针阀是由钢球、导杆和衔铁用激光束焊接成的整体结构，其质量只有普通轴针式喷油器的一半。为了保证燃油的密封性，轴针必须有较长的导向杆，而球阀具有自定心作用，不需要较长的导向杆，所以球阀的阀针质量较轻，且具有良好的燃油密封性。

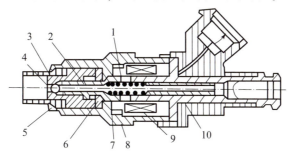

图 7-28 球阀式喷油器结构

1—弹簧；2—针阀；3—阀座；4—喷孔；5—护套；6—挡块；7—衔铁；
8—喷油器体；9—电磁线圈；10—壳体

喷油器在实际的喷油过程中，由于针阀有一定的质量以及电磁线圈有自感作用，使得针阀具有动作滞后的工作特性，如图 7-29 所示。当通电时间 T_1 的触发脉冲加到电磁线圈上时，针阀并不能同时升到最大，而是在达到开阀时间 T_0 时针阀才达到最大升程状态，针阀在最大升程状态保持静止；当触发脉冲消失后，到达关闭针阀时间 T_c 时，针阀关闭。针阀关闭后，喷油器阀针部与阀体接触，针阀关闭状态处于静止，直到下一个触发脉冲到来。喷油器重复上述动作。

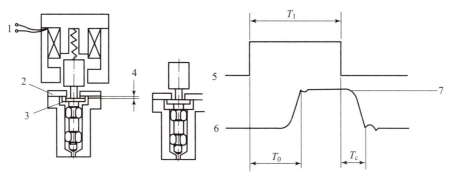

图 7-29 触发脉冲和针阀工作特性

1—触发脉冲输入；2—调整垫（限制器）；3—针阀凸缘部；4—行程（针阀升程量）；5—触发脉冲；6—针阀行程；7—针阀全关位置；T_1—通电时间；T_0—开阀时间；T_c—关阀时间

（3）喷油器的控制方式。

喷油器的控制方式分为电流驱动和电压驱动两种。电流驱动只适用于低阻式喷油器，电压驱动既可用于低阻式喷油器，又可用于高阻式喷油器，如图 7-30 所示。

在电流驱动回路中无附加电阻，低阻式喷油器直接与蓄电池连接，通过 ECU 中的晶体管对流过喷油器电磁线圈的电流进行控制。电流驱动脉冲开始时是一个较大的电流，使电磁线圈产生较大的吸力，用以打开针阀，然后再用较小的电流保持针阀的开启。

电压驱动是指 ECU 驱动喷油器喷油电脉冲的电压是恒定不变的。低阻式喷油器用 5~6 V 的电压驱动，其电磁线圈的电阻较小，为 3~4 Ω，不能与 12 V 电源相接，否则会烧坏电磁线圈，若要与 12 V 电源相接，则必须在回路中附加电阻。高阻式喷油器用 12 V 的电压

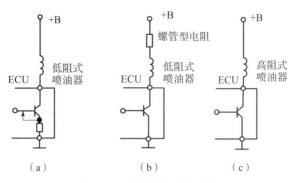

图 7-30 喷油器控制方式

(a) 电流驱动式；(b) 电压驱动低阻式；(c) 电压驱动高阻式

驱动，其电磁线圈的电阻较大，为 12~17 Ω，在检修时可直接与 12 V 电源连接。

4. 燃油分配管

燃油分配管的功用是将燃油均匀、等压地输配给各个喷油器，同时还具有储油蓄压的作用。其容积油量相对于发动机的循环喷油量要大很多，因而可以防止燃油压力的波动，并可供给各喷油器以等量的燃油。此外，还可使喷油器的安装不至于复杂。图 7-31 所示为爱丽舍轿车燃油分配管和各缸喷油嘴。

二维码 7-17：安装燃油分配管

图 7-31 爱丽舍轿车燃油分配管和各缸喷油嘴

（四）电子控制系统主要部件的结构与工作原理

电子控制系统的功用是根据发动机和汽车不同的运行工况，对喷油时刻、喷油量以及点火时刻等进行确定和不断修正；检测各传感器的工作，并将工作参数储存和输出。电子控制系统的工作示意图如图 7-32 所示，其由传感器、电控单元（ECU）和执行器三部分组成，如图 7-33 所示。

发动机电子控制系统常用的传感器主要有空气流量传感器（或进气歧管压力传感器）、曲轴位置传感器、凸轮轴位置传感器、节气门位置传感器、进气温度传感器、冷却液温度传感器、氧传感器；开关信号主要有点火开关信号、起动开关信号、电源电压信号等；执行器主要有电动燃油泵、电磁喷油器、油压调节器和怠速控制阀等。

1. 电控单元（ECU）

电控单元（ECU）的功用是存储、计算和分析处理信息，它主要由输入回路、A/D 转换器、微型计算机和输出回路等组成，其基本结构如图 7-34 所示。

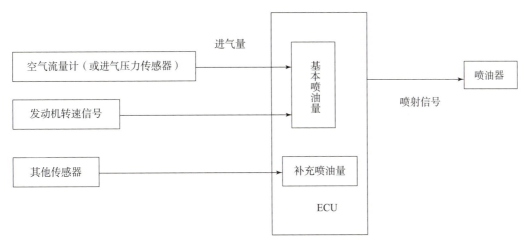

图 7-32 电子控制系统工作示意图

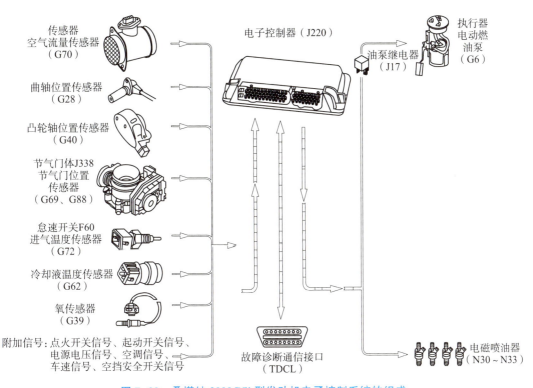

图 7-33 桑塔纳 2000GSi 型发动机电子控制系统的组成

（1）输入回路。

输入回路是把传感器传来的信号进行预处理。如图 7-35 所示，传感器输出的信号有两种：一种是模拟信号，如水温传感器的输出信号；另一种是数字信号，如发动机转速传感器的输出信号。数字信号可直接输入到微型计算机并被其接收，而模拟信号则必须经 A/D 转换器转换为数字信号之后才被输入到微型计算机。无论哪一种信号，都必须首先进入输入回路。

输入回路对输入信号进行预处理，一般是除去杂波及把正弦波变为矩形波后再转换成输

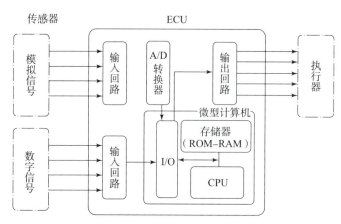

图 7-34 发动机电控单元（ECU）的基本组成

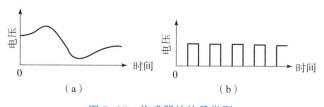

图 7-35 传感器的信号类型
（a）模拟信号；（b）数字信号

出电平，输送给微型计算机，其功用如图 7-36 所示。

（2）A/D 转换器。

A/D 转换器的功用是将模拟信号转换为微型计算机能够识别的数字信号，然后再输入微型计算机进行处理。

（3）微型计算机。

微型计算机是电控燃油喷射系统的神经中枢，其作用是根据需要把各种传感器传来的信号用内存的程序和数据进行运算处理，并把处理结果（如燃油喷射信号、点火信号等）送往输出回路。它主要由中央处理器（CPU）、存储器、输入/输出接口（I/O）和总线等组成，如图 7-37 所示。

1）中央处理器（CPU）。

中央处理器（CPU）是整个控制系统的核心，它通过接口可向系统各个部分发出指令，同时又可对系统需要的各个参数进行检测、数据处理、控制运算与逻辑判断等。

2）存储器。

存储器具有记忆程序和数据的功能，它分为只读存储器（ROM）和随机存储器（RAM）。ROM 主要用于存放永久性的程序和不变的常数，如储存发动机控制程序、点火脉谱和喷油脉谱的特性曲线及特性参数等预定的控制参数，即使断电，其记忆内容也不会消除。RAM 适用于中途处理数据的暂时保留，如各传感器输入的数据信息可以暂时保存起来，直到被 CPU 调用，或者被以后输入的后续的实际运行数据代换，如果断电，则记忆内容将全部消失。

3）输入/输出接口（I/O）。

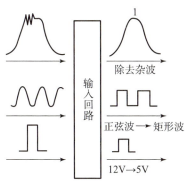

图 7-36 输入回路的功用

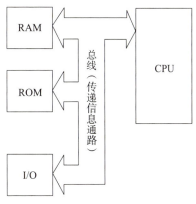

图 7-37 微型计算机的基本组成

微型计算机进行的信息接收和发送，以及与外界进行的数据交换都是通过输入/输出接口（I/O）完成的，因此输入/输出接口（I/O）是 CPU 与传感器和执行器之间进行信息交流的控制电路。

4）输出回路。

微型计算机输出的是较弱的数字信号，这种信号一般不能直接驱动执行元件。输出回路的功用是将微型计算机输出的数字信号转换为可以驱动执行元件的输出信号。输出回路大多采用大功率三极管，由微型计算机输出的信号控制其导通和截止，从而控制执行元件的搭铁回路。

5）总线。

总线是一束传递信息的内部连线，中央处理器（CPU）、存储器、输入/输出接口（I/O）之间的信息交换通过总线进行。总线按传递信息的类别分为数据总线、地址总线与控制总线。

把 CPU、一定容量的存储器（ROM/RAM）和输入/输出接口（I/O）集成在一个芯片上，就是所谓的单片机，目前在发动机电控系统中的微型计算机基本上都是单片机。

(4) 燃油喷射的控制过程。

电控燃油喷射系统的工作过程就是对喷油正时和喷油持续时间（即喷油量）的控制过程。

1）喷油正时控制。

喷油正时控制就是对喷油器开始喷油时刻的控制。多点间歇喷射汽油机的喷油时刻控制分为同步喷射和异步喷射两种方式。

同步喷射是指燃油的喷射与发动机的运转同步，ECU 根据曲轴的转角位置来控制开始喷油的时刻。在发动机稳定工况的大部分运转时间中，燃油喷射控制系统均以同步方式进行工作。

异步喷射是指 ECU 只是根据传感器的输入信号控制开始喷油的时刻，与曲轴转角位置没有关系。异步喷射方式是一种临时的补偿性喷射，发动机处于起动、加速等工况时，燃油喷射系统以异步喷射的方式工作或通过增加异步喷射的方式对同步喷射的喷油量进行补偿。

2）喷油持续时间（即喷油量）控制。

电控燃油喷射系统对喷油量的精确控制就是通过精确地确定和控制喷油的持续时间来实现的。根据发动机的运行特点，喷油持续时间控制分为起动时喷油持续时间的控制和起动后喷油持续时间的控制两种。

发动机起动时的基本喷油时间不是根据进气量和发动机的转速确定的，这与发动机起动后的控制方式不同。在发动机起动时，由于其转速较低而且波动较大，因此 ECU 不能用进气量来计算喷油量，而应根据发动机的热状态来确定，即由 ECU 根据发动机当时的冷却液温度，从预存的水温—喷油时间数据图表中找出相应的基本喷油时间，然后进行进气温度和蓄电池电压修正，来得到起动时的喷油持续时间。

有些发动机的燃油喷射系统为了改善其起动性能，在起动时除同步喷射外，还要根据起动开关接通状态，由 ECU 自曲轴位置传感器检测到的第一个转速信号开始，以一个固定的喷油持续时间，同时向各缸和安装在进气总管的冷起动喷油器进行异步喷射，用以补充冷起动过程中对燃油量的额外要求。

发动机起动后的喷油持续时间是由发动机转速和进气量确定的基本喷油持续时间及发动机运行状态参数决定的修正喷油持续时间构成的。

在发动机冷起动后的暖机过程中，为了使其怠速能够平稳运转并缩短暖机时间，应该让发动机的转速高于热车时的怠速转速，这种工况称为快怠速。此时 ECU 额外增加喷油量，以保持较浓的混合气。喷油量的初始修正值根据冷却液的温度确定，而且随着冷却液温度的上升，燃油喷射修正量应逐渐减少，并逐步达到正常。

当发动机在大负荷工况下运转时，要求提供较浓的混合气以满足动力性。发动机负荷状态可以根据节气门开度或进气量的大小来确定，所以 ECU 可以根据进气压力传感器、空气流量计、节气门位置传感器的信号判断发动机的负荷状况，以决定相应增加的燃油喷射量。大负荷的加浓量为正常喷油量的 10%~30%。

为了保证发动机具有良好的加速性能，在加速时需要额外增加喷油量，以增大发动机的输出功率。对于加速工况，发动机 ECU 根据一定时间内节气门开度的变化，或者空气流量的变化来判断。若确认此时汽车正处于加速工况，则 ECU 除了根据空气流量增加同步喷射的喷油量外，还会增加异步喷射，以满足加速工况对喷油量的特殊要求。

当发动机 ECU 发出喷油信号后，喷油器的电磁线圈通电，但喷油器针阀实际开启时刻（开始喷油时刻）相对于喷油信号存在着动作滞后。同样喷油器停止喷油时，针阀实际关闭时刻也有一个动作滞后，而且针阀开启的滞后时间比关闭时的滞后时间长。通常我们把开启滞后与关闭滞后时间的差值称为无效喷射时间。由于在无效喷射时间内，实际上没有进行喷射，因此需要进行补偿修正。发动机在实际运行时，喷油器针阀开启滞后时间受蓄电池电压的影响较大，针阀关闭滞后时间受蓄电池电压的影响较小，所以 ECU 根据蓄电池电压对喷油持续时间进行修正。

（5）燃油喷射的断油控制。

断油控制是指发动机 ECU 停止向喷油器驱动电路发送喷油信号，喷油器暂时停止工作。在电控燃油喷射系统中，ECU 断油控制基于两种情况：一是以降低燃油消耗、改善排气污染为目的的减速断油控制；二是以防治发动机超速运转为目的的超速断油控制。

1）减速断油控制。

当发动机在高速运行时，节气门突然关闭而处于急减速状态，为了避免混合气过浓及燃料经济性和排放性能变坏，ECU 发出停止喷油信号。当发动机的转速降至预定转速以下或节气门重新打开时，ECU 才使喷油器重新恢复喷油。断油转速和恢复喷油转速与冷却液温度、空调是否工作及用电器情况等因素有关。发动机冷却液温度越低，其断油转速越高。

2) 超速断油控制。

为了避免发动机在超速运行工况下损坏，ECU 执行发动机超速断油控制，即对发动机的最高转速进行限制。在发动机运行时，若其转速超过设定转速，ECU 便发出停止喷油信号，当转速下降到设定转速时再恢复喷油，如此反复循环，可以防止发动机转速继续上升。

2. 传感器

（1）发动机转速与曲轴位置传感器。

发动机转速传感器是检测发动机转速的传感器，曲轴位置传感器是检测活塞上止点及曲轴转角的传感器，通常将二者制成一体。发动机转速与曲轴位置传感器是发动机电子控制系统中最主要的传感器之一，是控制点火时刻和喷油时刻不可缺少的信号源，通常安装于曲轴前端、飞轮上、凸轮轴前端和分电器内。其主要包括电磁感应式、霍尔感应式和光电感应式等。

1) 电磁感应式。

电磁感应式发动机转速与曲轴位置传感器主要由电磁感应式传感器和脉冲盘等组成。如图 7-38 所示，传感器安装在气缸体一侧靠近飞轮处，用来检测发动机转速和曲轴转角，脉冲盘安装在曲轴后端，位于飞轮与曲轴之间。脉冲盘在圆周上等分地布置着 60 个转子齿，其中空缺 2 个转子齿，供发动机 ECU 识别曲轴位置，以作为点火正时的参照基准。发动机运转时，脉冲盘上的转子齿每通过传感器一次，便在传感器内的感应线圈中感应出一个交变电压信号，而在缺齿处产生一个畸变的交变电压信号，发动机 ECU 根据这些交变电压信号与畸变的电压信号计算出发动机转速和曲轴位置。

图 7-38 电磁感应式发动机转速和曲轴位置传感器

1—气缸体；2—传感器磁头；3—脉冲盘；4—缺齿（输出曲轴位置基准标记）

电磁感应式发动机转速与曲轴位置传感器由转子和绕在永久磁铁上的耦合线圈等组成。永久磁铁的磁力线经转子、耦合线圈、托架构成封闭回路。转子旋转时，由于转子凸齿与托架之间的磁隙不断发生变化，通过线圈的磁通也不断变化，线圈中便产生交变的感应电动势，此信号经放大后被传输给发动机 ECU。

2) 霍尔感应式。

霍尔式传感器主要由触发叶轮、霍尔集成电路、导磁钢片（磁轭）和永久磁铁等组成，如图 7-39 所示。触发叶轮安装在转子轴上，叶轮上制有叶片。霍尔集成电路由霍尔元件、放大电路、稳压电路、温度补偿电路、信号变换电路和输出电路等组成。

二维码 7-18：电磁感应式发动机转速和曲轴位置传感器

当触发叶轮随转子轴一同转动时，叶片便在霍尔集成电路与永久磁铁之间转动，霍尔式集成电路中的磁场就会发生变化，霍尔元件就会产生霍尔电压，经过信号处理电路处理后，

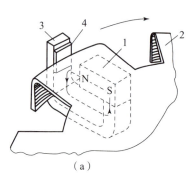 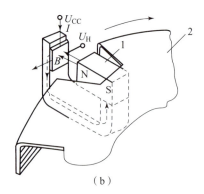

图 7-39 霍尔感应式传感器的结构原理

(a) 叶片进入气隙，磁场被旁路；(b) 叶片离开气隙，磁场饱和

1—永久磁铁；2—触发叶轮；3—磁轭；4—霍尔集成电路

即可输出方波信号。

当传感器轴转动时，触发叶轮的叶片便从霍尔集成电路与永久磁铁之间的气隙中转过。当叶片进入气隙时，霍尔集成电路中的磁场被叶片旁路，如图 7-39（a）所示，霍尔电压 U_H 为零，集成电路输出级的三极管截止，传感器输出的信号电压 U_o 为高电平（实测表明：当电源电压 $U_{CC}=14.4\text{ V}$ 时，信号电压 $U_o=9.8\text{ V}$；当电源电压 $U_{CC}=5\text{ V}$ 时，信号电压 $U_o=4.8\text{ V}$）。

当叶片离开气隙时，永久磁铁的磁通便经霍尔集成电路和磁轭构成回路，如图 7-39（b）所示，此时霍尔元件产生电压（$U_H=1.9\sim2.0\text{ V}$），霍尔集成电路输出级的三极管导通，传感器输出的信号电压 U_o 为低电平（当电源电压 $U_{CC}=14.4\text{ V}$ 或 $U_{CC}=5\text{ V}$ 时，信号电压 $U_o=0.1\sim0.3\text{ V}$）。

3）光电感应式。

光电式传感器主要由发光二极管、光敏二极管、遮光盘和控制电路等组成，如图 7-40 所示。其安装在分电器内或直接安装于凸轮轴轴端。发光二极管、光敏二极管和控制电路均固定在板座上，遮光盘则随分电器或凸轮轴转动，其边缘分别刻有 360 条缝隙，每转过一条缝隙对应凸轮轴 1°转角、曲轴 2°转角。同时还刻有表示一缸上止点位置的缝隙和 60°（六缸机）或 90°（四缸机）间隔的缝隙。遮光盘位于发光二极管和光敏二极管之间，当遮光盘转动挡住发光二极管光线时，光敏二极管截止，控制电路输出低电平；当缝隙对准发光二极管和光敏二极管时，光线照射到光敏二极管上，控制电路输出高电平。遮光盘转动一圈，传感器将输出 360 个脉冲信号，此信号被输送至发动机 ECU 作为转速信号；而缝隙较宽的一缸上止点位置标记和 60°（或 90°）间隔缝隙所控制的电路将向微型计算机输入一缸上止点位置记号和缸序判别信号。

(2) 冷却液温度传感器。

冷却液温度传感器的功用是检测发动机冷却液的温度，其结构如图 7-41 所示。它的内部是一个半导体热敏电阻，具有负的温度电阻系数。冷却液温度越低，电阻值越高；反之，冷却液温度越高，电阻值越低。冷却液温度传感器安装在发动机缸体或缸盖的水套上。

冷却液温度传感器的信号被输入发动机 ECU，使发动机 ECU 对基本喷油量进行修正，在怠速时，其信号又是发动机 ECU 控制怠速控制装置的主要信号源。当发动机冷却液温度

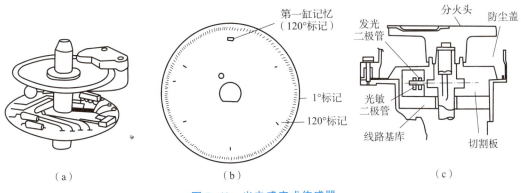

图 7-40 光电感应式传感器

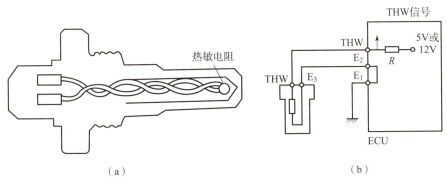

图 7-41 冷却液温度传感器
(a) 结构；(b) 控制电路

变化时，其电阻值随之变化，发动机 ECU 检测到的 THW 信号也随之变化，发动机 ECU 据此对喷油量进行修正并控制急速。

（3）进气温度传感器。

进气温度传感器的功用是检测进气的温度，通常采用高灵敏度的热敏电阻式，它的结构和工作原理与冷却液温度传感器相同。进气温度传感器通常安装在空气滤清器之后的进气软管或空气流量计上，也有个别车型将其安装在进气管的动力腔上，如图 7-42 所示。

二维码 7-19：冷却液温度传感器

二维码 7-20：冷却液传感器

二维码 7-21：进气温度传感器

由于进气质量与压力和进气温度有关，即温度越高，空气密度就越低；温度越低，空气密度就越高。因此对非质量流量型的空气流量计，使用进气温度传感器的目的就是根据进气温度的变化，对进气质量进行修正，从而使发动机 ECU 对喷油量进行修正，以精确控制空燃比。

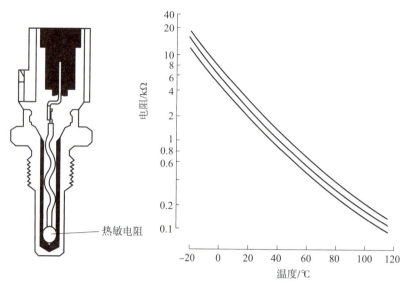

图 7-42 进气温度传感器

(4) 氧传感器。

氧传感器是电子控制燃油喷射系统进行反馈控制的传感器,一般安装在排气管上。它的功用是检测排气中的氧气含量,以确定实际空燃比比理论空燃比浓还是稀,并向发动机 ECU 反馈相应的电压信号。发动机 ECU 根据氧传感器反馈的混合气浓稀信号,在上次喷油量的基础上对本次喷油量进行减小或增加的修正。目前实际应用的氧传感器主要有氧化锆式和氧化钛式两种。

1) 氧化锆式氧传感器。

氧化锆式氧传感器的基本结构如图 7-43 所示,其基本元件是氧化锆固体电解质。氧化锆制成试管状,也称作锆管。锆管固定在带有安装螺钉的固定套中,其内表面与大气相通,外侧与排气直接接触。锆管内、外表面都覆盖着一层多孔性的铂膜作为电极,并在外表面加装一个带有槽口的防护套。

二维码 7-22:氧传感器

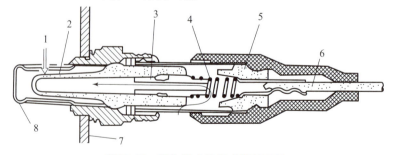

图 7-43 氧化锆式氧传感器的结构

1—排气;2—锆管;3—电极;4—弹簧;5—线头支架(绝缘);6—导线;7—排气管;8—导入排气孔罩

当传感器内侧大气中的含氧量与传感器外侧的含氧量不同时,在氧化锆内、外两侧的电极间就产生一个电压。当混合气稀时,排气中氧的含量高,传感器元件内、外侧氧浓度差别小，氧化锆元件产生的电压低（接近于零）；当混合气浓时，在排气中几乎没有氧，氧化锆元件内、外侧氧浓度差别大，则内、外侧电极间产生高电压（约为 1 V）。因此，氧传感器发出的信号间接地反映了混合气空燃比的高低。发动机 ECU 按氧传感器的反馈信号，对喷油量的计算结果进行修正，使混合气的空燃比更接近于理论空燃比。

氧化锆式氧传感器只有在 400 ℃ 以上的温度时才能正常工作，为了保证传感器在发动机进气量小、排气温度低时也能工作，在氧传感器中装有加热元件。加热元件受发动机 ECU 的控制。在有氧传感器参与工作的闭环控制过程中，当发动机 ECU 接收到氧传感器输送的低电压信号时，ECU 立即控制以增加喷油量；当 ECU 接收到氧传感器输送的高电压信号时，ECU 立即控制以减少喷油量。如此反复，将实际空燃比精确地控制在理论空燃比 14.7∶1 附近，以使三元催化转换器处于最佳工作状态。

2）氧化钛式氧传感器。

氧化钛式氧传感器的工作原理与氧化锆式氧传感器有很大不同，它是利用半导体氧化钛电阻值随周围含氧量的变化而变化的原理制成的，将其阻值变化反映到输出电压上，则其输出特性如图 7-44 所示。由于阻值的变化还将受到温度的影响，因此要将氧化钛式氧传感器在 300 ℃ ~ 900 ℃ 的排气温度中使用，必须对其进行温度补偿，即加装加热器，以便使氧传感器的检测特性比较稳定。

氧化钛式氧传感器的结构如图 7-45 所示，它具有两个二氧化钛元件：一个具有多孔性，用来检测排气中的含氧量；另一个则是实心二氧化钛元件，用于加热器调节温度，以补偿温度的误差。传感器的外端是用具有孔槽的金属管制成的保护管，既可让废气进出，又可使内部的二氧化钛元件免受外物的撞击；接线端以橡胶作为密封材料，以防止外界空气渗入。

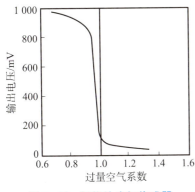

图 7-44 氧化钛式氧传感器输出特性

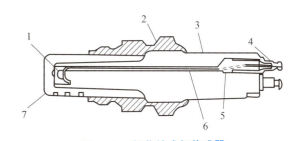

图 7-45 氧化钛式氧传感器

1—二氧化钛元件；2—金属外壳；3—陶瓷绝缘材料；4—接线头；5—二氧化钛陶瓷元件；6—导线；7—金属保护管

氧传感器通常与三元催化转换器一同使用。三元催化转换器安装在排气管中段，它能同时净化排气中的 CO、HC 和 NO_x 三种主要的有害气体，但只有在混合气的空燃比处于接近理论空燃比的一个窄小范围内，三元催化转换器才能有效地起到净化作用。因此，应用氧传感器进行反馈控制的目的在于保证三元催化转化器的排气净化效果，以解决功率、油耗和排气污染之间的矛盾。

由氧传感器信号反馈控制的闭环控制，能使实际混合气的空燃比接近理论空燃比。但对特殊工况如起动、暖机、怠速、加速、满负荷等需要加浓混合气的情况，仍需采用开环控制（即发动机 ECU 暂不采用氧传感器反馈回的信号，而是按实际运行工况进行喷油控制），以充分发挥发动机的动力性能。所以目前普遍采用开环和闭环相结合的控制方式，而开环和闭环控制之间的转换由发动机 ECU 来完成。

（5）车速传感器。

车速传感器的功用是测量汽车的行驶速度，发动机 ECU 可以根据此速度信号控制发动机的怠速和汽车加速、减速期间的空燃比。

目前，车辆上的车速传感器以霍尔式的为主，一般安装于车轮上。

（6）开关信号。

1）起动信号（STA）。

起动信号的功用是判断发动机是否处于起动状态，如图 7-46 所示。当装有自动变速器的汽车挡位处于 P 或 N 挡时，空挡起动开关（A/T）接通，此时如果起动发动机，点火开关的起动挡被接通，蓄电池和起动机都将接通，发动机 ECU 检测到起动信号。在发动机 ECU 检测到起动信号时，确认发动机处于起动状态，此时将自动控制起动工况的喷油量。

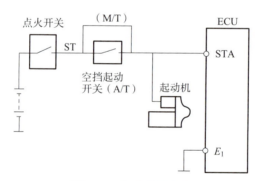

图 7-46 起动信号电路

起动信号和起动机的电源连在一起，由空挡开关来进行控制。

2）挡位开关信号和空挡位置开关信号。

在装有自动变速器的汽车中，发动机的 ECU 用挡位开关信号来判别自动变速器是处于停车（P 或 N 挡）状态还是行驶状态。当自动变速器由 P 或 N 挡挂入其他挡位时，发动机的负荷增加，挡位开关将向发动机 ECU 输入信号，并作为喷油量及点火提前角的修正信号。在挂入 P 或 N 挡时，空挡位置开关提供空挡位置信号，从而防止不在 P 或 N 挡时起动发动机，避免发生危险。

3）空调开关信号（A/C）。

空调开关信号（A/C）的功用是检测空调压缩机是否工作。汽车的空调开关信号（A/C）与空调压缩机电磁离合器的电源接在一起，当空调压缩机电磁离合器的电源被接通时，空调开关闭合。此时发动机 ECU 根据空调开关信号来控制发动机怠速时的点火提前角、喷油量和怠速控制装置等。

3. 执行元件

电控燃油喷射系统中的执行元件是受发动机 ECU 的控制，来具体执行某项控制功能的装置。一般情况下，由发动机的 ECU 控制执行器电磁线圈的搭铁回路，也有的是由发动机的 ECU 控制某些电子控制电路。根据发动机 ECU 控制系统具备的控制功能的不同，各车型上执行器的数量也有所不同，常见的执行器主要有：电动燃油泵、电磁喷油器、怠速控制装置、废气再循环 EGR 阀、进气控制阀、活性炭罐电磁阀、二次空气喷射阀、自诊断系统、故障备用起动程序、仪表显示器以及各类继电器等。

二维码 7-23：发动机传感器　　二维码 7-24：发动机执行器

（五）排气净化

1. 有害排放物

汽车的有害排放物是指尾气排放物、燃油系统蒸发物等。发动机有害排放物主要有 CO、HC、NO_x、SO_2 以及微粒（碳烟），这些排放物的生成与发动机的燃烧过程有关。

（1）一氧化碳（CO）。

CO 是发动机燃烧过程中燃料不完全燃烧的中间产物。它是一种无色、无刺激性气味的气体，是汽车排放中有害浓度最大的成分，一般不超过内燃机总排放量的 1%，它与血液中血红素的亲和力是氧的 300 倍，因此当人吸入 CO 后，血液吸收和运送氧的能力就会降低，产生头晕、头痛等中毒症状。当吸入 CO 气体的体积分数达到 0.3% 时，可以致人死亡。

CO 的生成原因是混合气过浓或局部混合气过浓、燃烧温度过低、燃烧室容积过小而使燃烧滞留时间不充分、空气与燃料混合不充分等导致 HC 燃料不完全燃烧。当燃烧温度达到 2 000 K 以上的温度时，会导致局部高温热分解，燃烧生成物中稳定分子 CO_2 和 H_2O 的一部分也会分解为 CO、NO 以及 H、O、OH 等活性分子，并在其共存状态下达到平衡。燃烧温度越高，热分解度越大，形成 CO 的可能性也就越大。所以促进混合气的形成质量、控制燃烧温度，可以有效地降低 CO 的生成。

（2）氮氧化合物（NO_x）。

NO_x 是 NO_2 在高温燃烧下的产物，是 NO 和 NO_2 等的总称，一般不超过内燃机总排放量的 0.5%，其中绝大部分是 NO（约占 95%），NO_2 次之。在发动机燃烧过程的后期或排气过程中，部分 NO 被氧化成 NO_2。

NO_x 对人体健康、大气环境、植物生长等有着极大的危害。其中 NO 在大气层中与 O_3 反应急速氧化成 NO_2，直接破坏大气层；NO_2 是呈红褐色的有害气体，有刺激性臭味，是内燃机排气中恶臭成分之一。NO_x 与血红素结合力相当强，是 CO 的 1 000 倍，它对人的肺和心肌等都有很强的损害作用，同时它还能与 HC 生成化学烟雾。

NO_x 的生成主要取决于燃烧温度，降低混合气中氧的浓度、降低燃烧温度、缩短其在高温燃烧带内的滞留时间以及改善混合气的形成等都可以控制 NO_x 的产生。

(3) 碳氢化合物（HC）。

发动机的 HC 排放物中有完全未燃烧的燃料，更多的是不完全燃烧产物，还有少部分润滑油，HC 排放物一般不超过内燃机总排放量的 0.5%。

HC 化合物在阳光的照射下会引起化学反应，产生臭氧（O_3）、PAH（多环芳香族 HC 化合物）等具有强氧化性的物质，形成光化学烟雾。它会降低大气的能见度，促使橡胶开裂，使植物受害，刺激人的眼睛和咽喉，而且 HC 中的 PAH 还是致癌物质。

HC 的产生主要是由于燃烧室内的氧气量不足、燃烧室壁面温度过低以及混合气形成不充分或燃烧室内局部混合气过浓等引起的，可以通过采用 C 含量少的代用燃料，或改善燃烧、保证混合气浓度及保证燃烧温度最佳等来进行控制。

(4) 微粒（PM）。

微粒是 HC 燃料的不完全燃烧产物，它的形成与 HC 燃料的燃烧状态直接相关。汽油机和柴油机燃烧所排放的微粒是不同的。汽油机所排放的微粒主要是铅化物、硫酸、硫酸盐和低分子物质；柴油机所排放的微粒数量比汽油机高很多，一般要高 30~60 倍，其成分也复杂得多，主要为一种类似石墨形式的含碳物质（碳烟），并凝聚和吸附了相当数量的高分子可溶性有机物和硅酸盐等，这些有机物包括未燃烧的燃油、润滑油以及不同程度的氧化和裂解产物。柴油机排气中的微粒尺寸小，主要由 0.1~10 μm 的多孔性碳粒构成，可以长期悬浮在大气中，不仅会降低大气的可见度，而且容易被人吸入肺部，同时微粒中的可溶性有机成分中包括致癌物。

2. 发动机排气系统

发动机排气系统由排气歧管、排气总管、三元催化反应器、消声器和排气尾管等组成，如图 7-47 所示。

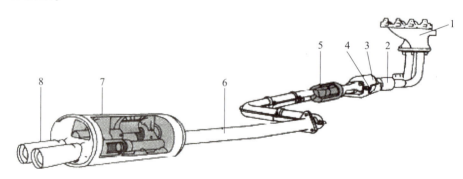

图 7-47　单排气系统的组成

1—排气歧管；2—前排气管；3—催化反应器；4—排气温度传感器；
5—副消声器；6—后排气管；7—主消声器；8—排气尾管

发动机排气系统分为单排气系统和双排气系统。V 型发动机有两个排气歧管，在大多数装配 V 型发动机的汽车上仍采用单排气系统，即通过一个叉形管将两个排气歧管连接到一个排气管上，来自两个排气歧管的废气经同一个三元催化反应器、同一个消声器和同一个排气尾管排出。但有些 V 型发动机采用两个单排气系统，即每个排气歧管各自连接一个三元催化反应器、消声器和排气尾管，这种布置形式称为双排气系统。双排气系统降低了排气系统内的压力，使发动机排气更为顺畅，气缸中残余的废气较少，因而可以充入更多的空气—

燃油混合气或洁净的空气，发动机的功率和转矩都相应地有所提高。V型发动机排气系统如图7-48所示。

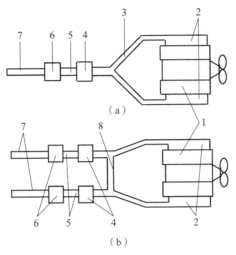

图7-48　V型发动机排气系统
(a) 单排气系统；(b) 双排气系统
1—发动机；2—进气歧管；3—叉形管；4—催化反应器；5—排气管；6—消声器；7—排气尾管；8—连通管

(1) 排气歧管和排气总管。

排气歧管的作用是将各缸排气道与排气总管连接起来，让各缸废气通过排气总管排入大气，并尽可能地利用排气惯性，提高排气效率，减小排气阻力。和进气歧管一样，排气歧管的结构、形状也是经过精心设计的。为了使各缸排气歧管尽可能不受其他各缸排气的干涉，各缸排气歧管都做得尽量长，且长度尽量相等。由于形状复杂，故排气歧管的材料一般都采用铸铁或铸铝，内壁要求尽可能的光整，如图7-49所示。一些新型的轿车发动机上已有采用不锈钢制成的排气歧管，以求减轻质量、耐久性好、内壁光滑且阻力更小，如图7-50所示。

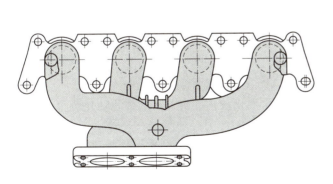

图7-49　铸铁排气歧管的结构

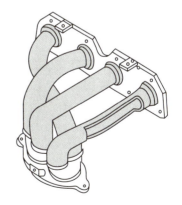

图7-50　不锈钢排气歧管的结构

排气总管是排气歧管和消声器之间的连接管，用不锈钢制成或者用铸铁铸造而成。

(2) 排气消声器。

发动机的排气压力为0.3~0.5 MPa，温度在500 ℃~700 ℃，这表明排气有一定的能量。

同时，由于排气具有间歇性，故会在排气管内引起排气压力的脉动。若将发动机排气直接排放到大气中，将产生强烈的、频谱比较复杂的噪声，其频率从几十赫兹到一万赫兹以上。排气消声器装在排气总管的出口处，用来降低和消除发动机的排气噪声，通过逐渐降低和衰减排气压力的脉动波来消耗排气能量。

发动机的排气噪声大致可分为"脉动噪声"和"气流噪声"两大类。前者是气缸内高压燃气在每个排气行程中通过排气门时继续发出的声音，它是与发动机转速和气缸数有关的周期性噪声，属于较低频的范围；而后者是排气系统内排气流动而发出的紊流噪声、喷流声等流体噪声的总称，属于宽频带的高频噪声。发动机转速较低时，脉动噪声是主要的，随转速增加，气流噪声逐渐变为主要噪声。

消声器大体分为利用声波干扰和共振作用的"抗式消声器"、利用吸声材料和阻力的"阻式消声器"，以及由上述两种综合在一起的"组合式消声器"等三种形式。

图 7-51 所示为组合式消声器，前后共两级。主消声器为筒形，用隔板分成三个不同尺寸的扩张室和共振腔，对不同频率的废气声波多次扩张、反射，分为两段的多孔隔板则多次改变废气气流方向，扩散节流，吸收废气能量。副消声器亦称前消声器，结构与主消声器相似，但内部蜂窝孔洞较大，使高压废气先行膨胀，降低压力，故亦称为"膨胀器"。

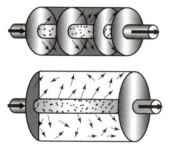

图 7-51　组合式消声器

桑塔纳 2000 轿车上就装有三节消声器，前消声器为膨胀共振型，中消声器为吸收型，后消声器（主消声器）为膨胀型。

在一些新型轿车发动机上，有的采用所谓的"双模式消声器"，在发动机以较低转速工作时（3500 r/min 以下），由于排气量相对较少，故排气阻力不是主要问题，为了尽可能降低噪声，通常使废气通过两个消声器，这时称为"消声模式"；而在发动机高速运转时，根据转速和节气门位置的信息，由电控单元发出指令，通过一套执行机构使装在"双模式消声器"上的切换阀切换，让大部分排气经由主消声器，从而降低了排气的压力损失，这时称为"正常模式"。

(3) 催化净化转化装置。

催化净化转化装置是利用催化剂的作用，将排气中的 CO、NO_x、HC 转换为对人体无害的气体（CO_2、N_2、H_2）和 H_2O 的一种排气净化装置，也称作催化转化装置。

根据催化转化装置的净化形式可分为氧化催化转化装置、还原催化转化装置以及三元催化转化装置。

1）氧化催化转化装置（二次空气喷射）。氧化催化转化装置只是将排气中的 CO 和 HC 氧化为 CO_2 和 H_2O，主要用 Pt（钯）和 Pd（铂）等贵金属独立或组合为氧化催化剂。贵金属 Pd 易受 Pb（铅）的侵蚀，而贵金属 Pt 容易受热劣化。

影响催化反应的基本因素是反应物质的浓度、温度以及空间速度（单位时间内的气体流量）。为了提高反应效率，催化剂的工作温度一般在 300 ℃ 以上，此时 CO 的净化率可达 95%~99%，HC 的净化率也可达 95% 以上；空间速度为每小时数万升以下；反应物的浓度，主要是指氧浓度和被氧化物质（CO、HC、H_2）浓度之间的平衡关系。因此，为了在排气过程中氧化 HC 和 CO 排放物，或者作为排气净化装置，采用催化装置或热废气反应器时，需要利用空气泵向排气门后面喷射新鲜空气，称为二次空气喷射。

二次空气喷射是用空气泵将新鲜空气喷到排气门后面，这些空气与高温废气混合，使未燃的 HC、CO 进一步氧化（或燃烧）成 CO_2 和 H_2O，从而降低 HC 和 CO 的排放。按二次空气的供给方式分为空气喷射式和排气管内压力脉动式两种。其中，排气管内压力脉动式是采用逆向单向阀通过排气管内的负压直接吸入空气；空气喷射式是利用空气泵按一定压力将一定量的空气喷入排气门附近。

2）三元催化转化装置。二次空气喷射系统只能用再氧化的方法使 HC、CO 的排放降低，对 NO_x 无效，而三元催化转化装置（图 7-52）能同时净化汽车尾气排放中的 CO、HC 和 NO_x，但它的净化率受空燃比的影响很大，只在理论空燃比附近很窄的空燃比范围内才有较高的净化率（如图 7-53 所示的阴影范围），若空燃比高于此范围，则

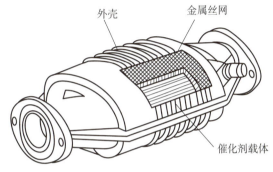

图 7-52　三元催化转化器

NO_x 的净化率陡降；若空燃比低于此范围，则 CO 及 HC 的净化率陡降，所以要精确控制空燃比。这个高的净化率的空燃比范围越宽，催化剂的实用性能越好，对电控系统控制精度的要求越低。由于催化剂技术和氧传感器以及电控燃料喷射技术的发展，汽油机空燃比可精确地控制在理论空燃比上，所以目前汽油机广泛应用三元催化转化装置。图 7-54 所示为闭环电控系统与三元催化转化装置。

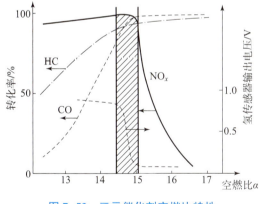

图 7-53　三元催化剂空燃比特性

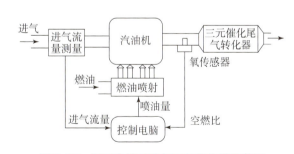

图 7-54　闭环电控系统与三元催化转化装置

图 7-55 所示为三元催化转化装置的结构，其主要由催化剂、载体、垫层、隔热层、内壳和外壳等组成。催化剂是由活性成分（也称主催化剂）和催化助剂组成的。将 20 μm 厚的贵金属催化剂固化在载体表面上即构成催化反应床。

催化转化装置常用铂（Pt）、钯（Pd）、铑（Rh）等贵金属作为主催化剂，其价格昂贵，是催化剂中起催化作用的主要成分，但 Pd 易受 Pb（铅）的侵蚀，而 Rh 易受热劣化，所以实际中常采用以 Pt/Pd 组合的形式。对于车用催化剂，催化反应是在催化剂表面上发生的，为了

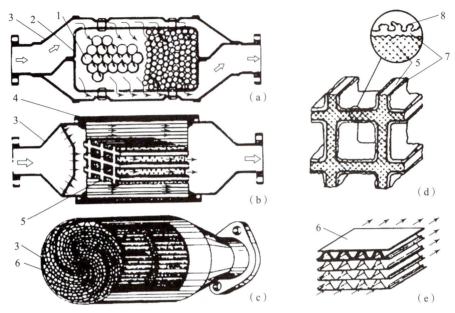

图 7-55 三元催化转化装置的结构

(a) 颗粒式催化转化装置；(b)、(c) 整体式催化转化装置；(d) 催化微观结构；(e) 金属蜂窝载体
1—陶瓷颗粒载体；2—内壳；3—外壳；4—隔热层；5—陶瓷蜂窝载体；6—金属蜂窝载体；
7—氧化铝涂层；8—催化活性物质

提高主催化剂的有效利用率，常采用 Ni、Cu、V、Cr 等软金属作为添加剂。在催化转化装置中采用催化助剂的目的是改善催化剂的催化性能，提高主催化剂的选择性和耐久性。

3. 废气再循环

废气再循环（EGR）是指把发动机排出的部分废气回送到进气管，并与新鲜混合气一起再次进入气缸。废气再循环可通过适当的配气正时（气门重叠角）或控制 EGR 阀的内、外排气再循环来实现。

在发动机高温和富氧的条件下，其废气排放中容易生成 NO_x 化合物。由于废气具有较好的吸热性，因此在发动机工作过程中，如果适时、适量地将部分废气再次引入到气缸内，废气可将燃烧产生的部分热量吸收，从而降低气缸燃烧的最高温度，也就抑制了 NO_x 化合物的生成量。

控制 EGR 阀的废气再循环系统的工作原理如图 7-56 所示。由于排气中含氧量很低（主要含有大量的 N_2 和 CO_2），一部分排气（再循环排气）经 EGR 阀回流到进气系统，与新鲜混合气混合，稀释了混合气中的氧，使燃烧速度降低，且再循环排气中的 CO_2 不能燃烧并会吸收大量的热，使气缸中混合气的燃烧温度降低，从而抑制了 NO_x 的生成量。废气再循环是净化排气中 NO_x 的主要措施，因而得到了广泛应用。

废气混入的量常用 EGR 率来表示：

$$EGR 率 = 再循环排气量 / (吸入空气量 + 再循环排气量) \times 100\%$$

如图 7-57 所示，随着 EGR 率的增加，NO_x 大幅度降低。但由于这是降低燃烧速度和燃烧温度的结果，因而将导致全负荷时最大功率下降；中负荷时燃油消耗率增大，HC 排放上升；小负荷特别是怠速时燃烧不稳甚至熄火。因此，一般在汽油机大负荷、起动、小负荷和怠速时不采用废气再循环，其他工况的 EGR 率一般不超过 20%。

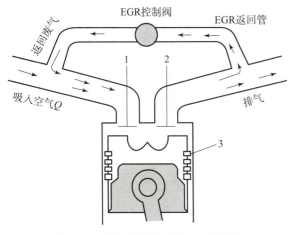

图 7-56 废气再循环系统的工作原理
1—进气门；2—排气门；3—活塞

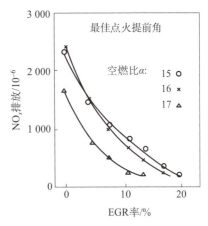

图 7-57 废气再循环降低 NO_x 效果

EGR 阀的控制方式有真空式和电磁式，再循环的废气量由 EGR 阀控制。EGR 阀主要由膜片、回位弹簧、阀门和阀座等组成，如图 7-58 所示。EGR 阀膜片的上方为真空室，阀门与膜片联动。EGR 阀安装在进气歧管和排气歧管之间的特殊通道中，因此控制 EGR 阀真空气室中的真空度，就可控制阀门与阀座之间的开度，从而控制再循环废气量。

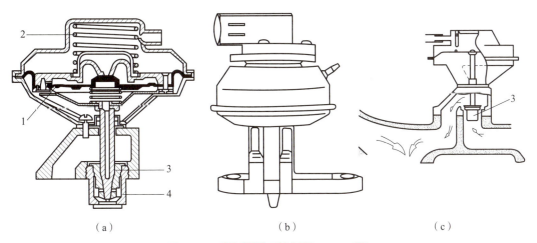

图 7-58 废气再循环控制阀（EGR 阀）
1—膜片；2—回位弹簧；3—阀门；4—阀座

4. 活性炭罐蒸发污染控制装置

为了防止燃油箱向大气排放燃油蒸气而产生污染，在发动机控制系统中普遍采用由发动机 ECU 控制的活性炭罐蒸发污染控制装置。图 7-59 所示为一活性炭罐蒸发污染控制装置示意图。燃油箱的燃油蒸气通过单向阀进入活性炭罐的上部，空气从炭罐的下部进入。在炭罐右上方有一定量排放小孔及受真空控制的排放控制阀，排放控制阀上部的真空度由炭罐控制电磁阀控制，而炭罐控制电磁阀受发动机 ECU 的控制。

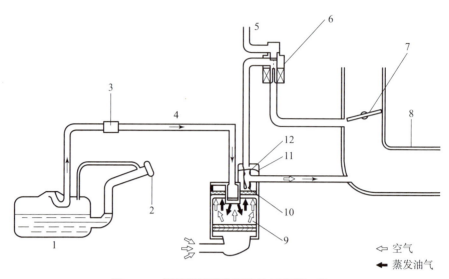

图 7-59 活性炭罐蒸发污染控制装置示意图

1—燃油箱；2—燃油箱盖真空泄放阀；3—燃料单向阀；4—蒸气通气管路；5—接缓冲器；
6—EGR 炭罐控制电磁阀；7—节流孔；8—进气歧管；9—活性炭罐；10—定量排放小孔；
11—排放控制阀；12—主节气门

当发动机工作时，发动机 ECU 根据发动机的转速、冷却液温度、空气流量等信号，通过控制炭罐电磁阀的开闭来控制排放电磁阀上部的真空度，从而控制排放控制阀的开度。当排放控制阀打开时，燃油蒸气通过排放控制阀被吸入进气歧管内。

5. 曲轴箱通风

汽车发动机尤其是汽油机的有害排放物除来自尾气排放以外，燃料供给系统蒸发的 HC 化合物和曲轴箱内形成的含有 HC 的化合物也是污染物排放的主要来源。在汽车排放到大气的 HC 化合物的总量中，来自燃料供给系统蒸发及曲轴箱窜气的各占 20% 和 25%，可采用曲轴箱强制通风系统和汽油蒸发控制系统予以控制，措施简单有效，且不会影响发动机的性能。

强制式曲轴箱通风系统，又称 PCV 系统。在发动机压缩和燃烧过程中，经活塞环与气缸间窜入曲轴箱的气体及曲轴箱内润滑油的蒸气会直接由通风口排出，这些含有可燃混合气和燃烧产物的气体中排入大气的 HC 化合物约占汽车 HC 化合物总排放量的 25%。当发动机低温运行时，还会有液态燃油漏入曲轴箱，这些物质如不及时清除，将会加速润滑油变质，腐蚀零部件。现代汽车所采用的曲轴箱强制通风系统就是为防止曲轴箱内含有的 HC 化合物及其他污染物的气体排放到大气中的净化装置，该系统的组成如图 7-60 所示。当发动机工作时，进气总管中的部分气流经通风管流入气门室盖内产生一定的压力，使气门室盖内的油气以及曲轴箱内的油气经 PCV 阀和回流管进入进气歧管，最后经进气门进入燃烧室烧掉。

二维码 7-25：曲轴箱通风

在 PCV 系统中，最重要的控制元件是 PCV 阀，其功用是根据发动机工况的变化自动调节进入气缸曲轴箱内气体的量，如图 7-61 所示。

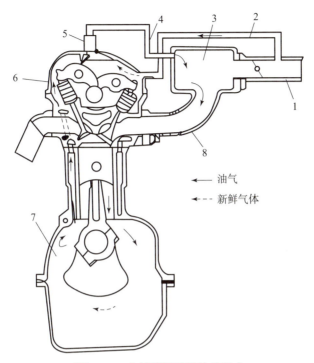

图 7-60 曲轴箱通风系统的组成

1—进气总管；2—通风管；3—稳压箱；4—回流管；5—PCV 阀；6—气门室盖；7—曲轴箱；8—进气歧管

1）当发动机不工作时，PCV 阀中的弹簧将滑阀或锥阀压在阀座上，关闭曲轴箱与进气歧管的通路，如图 7-61（a）所示。当进气管发生回火时，进气管压力增高，滑阀落在阀座上，如同发动机不工作时一样，以防止回火进入曲轴箱而导致发动机爆炸。

2）当发动机怠速或低速运转时，进气管真空度很大，真空度克服弹簧弹力把锥阀吸向上端，使锥阀与阀体之间只有很小的缝隙，如图 7-61（b）所示，只允许少量的气体通过；使锥阀抵住阀体口，少量的气体由锥阀侧孔经中心孔流出，如图 7-61（e）所示，中心孔有自洁针阀，以防中心孔被油污堵塞。由于发动机在怠速或减速工作时，窜入曲轴箱的气体很少，所以即使 PCV 阀开度虽小，也足以使曲轴箱内的气体流出曲轴箱。

3）当发动机节气门部分开度时，由于进气管真空度比怠速时还小，所以在弹簧的作用下滑阀或锥阀与阀体间的缝隙增大，如图 7-61（c）和图 7-61（f）所示。在节气门部分开度下的发动机负荷比怠速时大，窜入曲轴箱的气体较多，所以较大的 PCV 阀开度可以使所有的曲轴箱气体被吸入进气管。发动机在大负荷时节气门开度增大，进气管真空度减小，弹簧将滑阀或锥阀进一步向下推移，使 PCV 阀的开度更大。发动机大负荷时气缸压力增大，会产生更多的曲轴箱气体，因此只有增大 PCV 阀的开度，才能使曲轴箱内的气体全部流进进气管。

当活塞或气缸严重磨损时，将有过多的气缸内气体窜入曲轴箱，这时即使 PCV 阀开度最大也不足以使这些气体都流入进气管。在这种情况下，曲轴箱压力将会升高，部分曲轴箱气体经空气软管进入空气滤清器，再随同新鲜空气一起流入气缸。

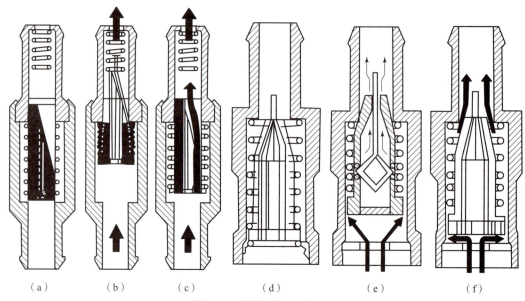

图 7-61 曲轴箱通风阀开度

（a）、（d）PCV 阀关闭；（b）、（e）PCV 阀开度较小；（c）、（f）PCV 阀开度较大

注：（a）、（b）、（c）为滑阀型曲轴箱通风阀；（d）、（e）、（f）为锥阀型曲轴箱通风阀

二、任务实施

（一）拆装空气供给系统

1. 项目说明

一辆东风雪铁龙轿车进厂修理，客户反映该车发动机怠速熄火，经维修业务接待目视检查，发现进气歧管破损，造成发动机进气真空压力不足，需要更换进气歧管。

2. 技术要求与标准

（1）每位同学都能独立完成此项目。

（2）技术标准。

进气歧管×气缸盖：拧紧力矩 10 N·m±1 N·m。

3. 设备器材

（1）东风雪铁龙爱丽舍轿车。

（2）世达工具、燃油泄压管。

（3）清洗剂。

（4）发动机进气歧管。

4. 作业准备

（1）清洁场地。

（2）常用工具、专用工具及车辆的准备。

（3）准备作业单。

5. 操作步骤

（1）断开蓄电池电源，如图 7-62 所示。

图 7-62　断开蓄电池电源

（2）拆卸曲轴箱通风软管，如图 7-63 所示。

图 7-63　拆卸曲轴箱通风软管

（3）松开空气滤清器前、后端进气软管的卡箍，拆下空气滤清器前、后端进气软管，并拆下空气滤清器，如图 7-64 和图 7-65 所示。

（4）拔下节气门线束插头，如图 7-66 所示。

图 7-64 拆卸卡箍

图 7-65 拆卸空气滤清器

图 7-66 拔下节气门线束插头

(5) 拆卸节气门阀体，如图 7-67 所示。

图 7-67　拆卸节气门阀体

（6）拆卸真空助力管，如图 7-68 所示。

图 7-68　拆卸真空助力管

（7）拆卸进气温度和压力传感器线束插头，如图 7-69 所示。

图 7-69　拆卸进气温度和压力传感器线束插头

(8）拆卸三通接头，如图7-70所示。

图7-70　拆卸三通接头

(9）拆卸泄压阀帽，并对燃油管路泄压，如图7-71所示。

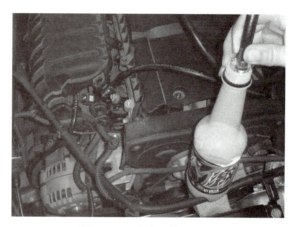

图7-71　对燃油管路泄压

(10）拆卸燃油供给管棘轮接头，如图7-72所示。

图7-72　拆卸燃油供给管棘轮接头

（11）拆下喷油嘴线束插头后，拆卸损坏的进气歧管，如图 7-73 所示。

图 7-73　拆卸损坏的进气歧管

（11）用清洗剂清洗节气门，如图 7-74 所示。

图 7-74　清洁节气门

（12）安装新的进气歧管，进气歧管紧固螺栓拧紧力矩为 10 N·m±1 N·m。安装燃油供给管棘轮接头、喷油嘴线束插头、节气门、节气门线束插头、真空助力管、进气温度和压力传感器插头、三通接头。组装空气滤清器并将其装回车上，分别将空气滤清器前、后端卡箍上的紧固螺钉拧紧，最后安装电源线。

（13）对节气门位置进行初始化。将点火开关推到"M"挡位，并保持 30 s（不关闭点火开关，不踩油门），然后关闭点火开关 15 s（期间不要重新打开电火开关）即可。也可用雪铁龙专用诊断仪，按照提示操作。经过节气门位置初始化之后，该车故障排除。

6. 记录与分析

拆装空气供给系统作业记录单见表 7-1。

表 7-1 拆装空气供给系统作业记录单

姓名		班级		学号		组别	
车型		发动机型号		作业单号		作业日期	
项目				检查情况			
切断蓄电池连接线							
空气滤清器的拆卸							
节气门线束插头和节气门体的拆卸							
进气温度和压力传感器线束插头的拆卸							
真空助力管的拆卸							
三通接头的拆卸							
燃油管路的泄压							
燃油供给管棘轮接头的拆卸							
喷油嘴线束插头的拆卸							
进气歧管的清洁							
进气歧管紧固螺栓的拧紧							
节气门的安装							
线束插头、燃油供给管棘轮接头的安装							
真空管、滤清器的安装							
节气门位置的初始化							
结论							
建议处理意见							

(二)拆装燃油供给系统

1. 项目说明

一辆东风雪铁龙爱丽舍轿车行驶近 200 000 km,进厂修理,客户反映该车发动机在运转时抖动,且运转无力,经维修业务接待检查,初步判定该车需要更换汽油泵及燃油滤清器,并对喷油嘴进行清洗。

2. 技术要求与标准

(1)每位同学都能独立完成此项目。

(2)技术标准。

进气歧管×气缸盖:拧紧力矩 10 N·m±1 N·m。

油量计固定环:拧紧力矩 10 N·m±1 N·m。

燃油分配管固定螺栓：拧紧力矩 10 N·m±1 N·m。

3. 设备器材

（1）东风雪铁龙爱丽舍轿车。

（2）世达工具、燃油泄压管、油量计固定环拆装扳手。

4. 作业准备

（1）清洁场地。

（2）常用工具、专用工具、车辆的准备。

（3）准备作业单。

5. 操作步骤

（1）喷油嘴的清洗。

①断开蓄电池电源，如图 7-75 所示。

图 7-75　断开蓄电池电源

②拆卸泄压阀帽，如图 7-76 所示。

图 7-76　拆卸泄压阀帽

③拧上泄压管，对燃油管路泄压，让流出的汽油流到小瓶中，如图 7-77 所示。

图 7-77 对燃油管路泄压

④拆下空气滤清器，拔下节气门线束插头、真空助力管、喷油嘴线束插头、进气温度压力传感器插头、三通管接头和燃油供给管棘轮接头，拆下进气歧管，如图 7-78 所示。

图 7-78 拆下进气歧管

⑤拆卸燃油分配管固定螺栓，如图 7-79 所示。

图 7-79 拆卸燃油分配管固定螺栓

⑥轻轻地将燃油分配管和喷油嘴从进气歧管中拉出，如图 7-80 所示。

图 7-80 拆下燃油分配管和喷油嘴

⑦将四个喷油嘴分别从燃油分配管上拆下来，如图 7-81 所示。

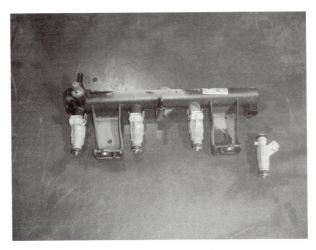

图 7-81 拆下喷油嘴

⑧对四个喷油嘴进行超声波清洗后装回燃油分配管，并将燃油分配管装到进气歧管上，螺栓拧紧力矩为 10 N·m±1 N·m。然后将进气歧管装到发动机缸盖上，进气歧管紧固螺栓的拧紧力矩为 10 N·m±1 N·m。安装燃油供给管棘轮接头、喷油嘴线束插头、节气门线束插头、真空助力管、进气温度压力传感器插头和三通管接头。组装空气滤清器并将其装回车上，分别将空气滤清器前、后端卡箍上的紧固螺钉拧紧。

（2）汽油滤清器更换。
①拆下汽油滤清器的进油管接头，如图 7-82 所示。
②拆下汽油滤清器的出油管三通接头，如图 7-83 所示。
③从前端抽出汽油滤清器后，将新的汽油滤清器装回原位置，分别装上进油管和出油管。

（3）燃油泵总成的更换。
①拆下后排座椅，拆下护板，如图 7-84 所示。

图 7-82 拆下汽油滤清器的进油管接头

图 7-83 拆下汽油滤清器出油管三通接头

图 7-84 拆下护板

②拔下燃油泵线束插头，如图 7-85 所示。

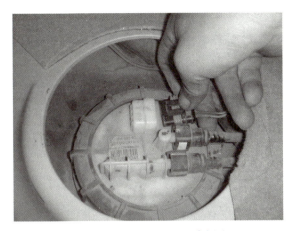

图 7-85　拔下燃油泵线束插头

③拔下出油管和回油管（会有少量汽油流出，用干净的抹布擦干净），如图 7-86 所示。

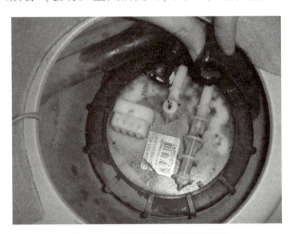

图 7-86　拔下出油管和回油管

④用油量计固定环拆装扳手拆下油量计固定环，如图 7-87 所示。

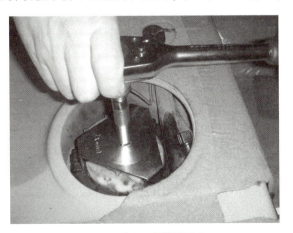

图 7-87　拆下油量计固定环

⑤从油箱中取出燃油泵总成和燃油泵密封圈，如图 7-88 所示。安装新的燃油泵总成和

新的燃油泵密封圈，将油量计固定环拧紧到 10 N·m±1 N·m。

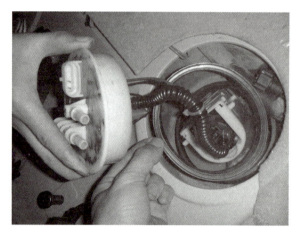

图 7-88　取出燃油泵总成和燃油泵密封圈

⑥安装出油管和回油管，插上燃油泵线束插头，盖上护板，将座椅恢复原位，装上电源线，进行节气门初始化设置。经试车后故障排除。

6. 记录与分析

拆装燃油供给系统作业记录单见表 7-2。

表 7-2　拆装燃油供给系统作业记录单

姓名		班级		学号		组别	
车型		发动机型号		作业单号		作业日期	
项目				检查情况			
断开电源							
燃油管路的泄压							
节气门的拆卸							
进气歧管的拆卸							
喷油嘴的拆卸							
进气歧管的安装							
汽油滤清器的更换							
汽油泵出油管与回油管的拆卸和安装							
汽油泵的更换							
结论							
建议处理意见							

（三）拆装排气系统

1. 项目说明

一辆东风雪铁龙轿车进厂修理，客户反映该车发动机排气系统进水，经维修业务接待检查，需对排气系统进行拆解维护。

2. 技术标准与要求

（1）学员能在 40 min 内完成此项目。

（2）技术标准。

排气歧管：预拧紧力矩 10 N·m，拧紧力矩 18 N·m。

隔热板螺栓：拧紧力矩 8 N·m。

氧传感器：拧紧力矩 55 N·m±5 N·m。

排气管球头螺栓：拧紧力矩 8.7 N·m，并涂抹耐高温润滑脂 G2。

排气管环箍螺栓：拧紧力矩 25 N·m，并涂抹耐高温润滑脂 G2。

3. 设备器材

（1）东风雪铁龙爱丽舍 1.6 L 轿车。

（2）两柱举升机、世达通用工具。

（3）东风雪铁龙发动机维修手册、工具车、工作台。

4. 作业准备

（1）清洁场地。

（2）车辆、工具等物品的准备。

（3）记录单准备。

5. 操作步骤

（1）举升车辆，并拆卸发动机底护板，如图 7-89 所示。

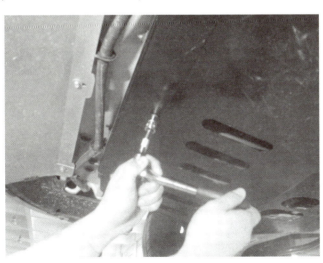

图 7-89 拆卸发动机底护板

（2）拆卸带有催化转换器的前排气管和中排气管前端的球头连接螺栓，如图 7-90 所示。

（3）拆卸后排气管环箍螺栓，如图 7-91 所示。

图 7-90　拆卸球头连接螺栓

图 7-91　拆卸后排气管环箍螺栓

（4）拆卸中排气管车身支撑架螺栓，并取下中排气管，如图 7-92 所示。

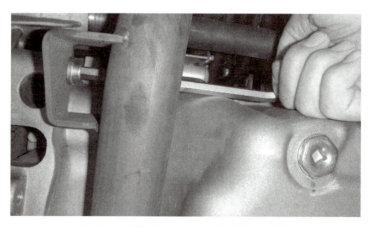

图 7-92　拆卸中排气管车身支撑架螺栓

（5）拆卸后消声器车身吊耳，并取下后消声器，如图 7-93 所示。
（6）拆卸排气总管隔热板，用专用工具拆卸氧传感器，如图 7-94 所示。

图 7-93 拆卸后消声器车身吊耳

图 7-94 拆卸氧传感器

（7）按规定的顺序逆时针旋松排气总管螺栓，如图 7-95 所示。

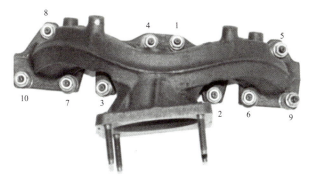

图 7-95 旋松排气总管螺栓

（8）取下排气总管及垫片，如图 7-96 所示。
（9）更换排气总管垫片，按与拆卸相反的顺序进行装复。

图 7-96 取下排气总管及垫片

6. 记录与分析

拆装排气系统作业记录单见表 7-3。

表 7-3 拆装排气系统作业记录单

姓名		班级		学号		组别	
车型		发动机型号		作业单号		作业日期	
项目				操作情况			
举升车辆，并拆卸发动机底护板							
拆卸带有催化转换器的前排气管							
拆卸中排气管和后消声器							
拆卸排气总管隔热板和氧传感器							
拆卸排气总管螺栓及垫片							
清洗和擦拭零件，按与拆卸相反的顺序进行装复							
排气总管螺栓预紧顺序及拧紧力矩							
安装氧传感器、隔热板，注意拧紧力矩							
安装中排气管球头连接螺栓、消声器卡箍螺栓，注意拧紧力矩							
结论							
建议处理意见							

三、拓展知识

（一）汽油及其使用性能

汽油是汽油发动机的主要燃料。汽油是从石油中提炼出来的密度小又易于挥发的液体燃料。汽油一般为黄色或橙色（国外的汽油有些是蓝色、天蓝色、红色或绿色），其相对密度为 0.72 左右。汽油由多种碳氢化合物组成，其基本成分是：碳的体积分数为 85%，氢的体积分数为 15%。

汽油性能的优劣，对于汽油发动机的动力性、经济性、可靠性及使用寿命等均有很大影响。汽油的使用性能包括蒸发性、抗爆性、腐蚀性、清洁性、无害性和热值。

1. 汽油的蒸发性及其评价指标

汽油由液态转化为气态的性质，称为汽油的蒸发性。汽油蒸发性好则易气化，与空气混合均匀，燃烧速度快，燃烧完全，发动机易起动，加速及时，各工况间转换灵敏柔和。但蒸发性太好则可能在油管中形成气泡，产生"气阻"。蒸发性不好的汽油气化不完全，会造成燃烧不完全，增加油耗及排放污染，没有完全燃烧的油滴还可能破坏润滑油膜，增加磨损。评定汽油蒸发性的指标有以下两种。

（1）馏程：馏程是指油品在规定条件下蒸馏时，从初馏点到终馏点的温度范围，测定时按 GB/T 6536—1997《石油产品馏程测定法》的规定进行。它是将 100 mL 试样按规定条件进行蒸馏，系统观察温度计读数与冷凝液体积，并根据这些数据计算和报告结果。试验时将试样加入蒸馏烧瓶中，按要求调节加热温度，从冷凝管下端滴下第一滴冷凝液时所观察到的温度称为初馏点，用量筒回收到 10 mL、50 mL、90 mL 冷凝液时的温度分别称为 10%、50%、90%蒸发温度。

（2）饱和蒸气压：饱和蒸气压是指汽油的液、气两相达到平衡时的汽油蒸气压强，主要用来控制汽油蒸发性的上限（下限由馏程控制）。饱和蒸气压过高，会使汽车在夏季工作，特别是在高原地区易发生"气阻"，增大汽油在储存与使用中的蒸发损失。汽油的饱和蒸气压应不大于 67 kPa。

2. 汽油的抗爆性及其评价指标

汽油在发动机气缸内燃烧时抵抗爆燃的能力，称为汽油的抗爆性。爆燃是汽油机的一种不正常燃烧。

汽油的抗爆性用辛烷值评定。辛烷值是表征点燃式发动机燃料抗爆性的一个约定数值，用和被测燃料具有相同抗爆性的标准燃料中异辛烷的体积百分数表示。

其测定方法有研究法（Research Octane Number）和马达法（Motor Octane Number）两种。

由于汽车在道路上行驶时对辛烷值的要求不能单独用研究法辛烷值或马达法辛烷值来描述，故目前采用抗爆指数这一指标来表示汽油的抗爆性能。

3. 汽油的安定性及其评价指标

汽油在储存和使用过程中，抵抗氧化生胶而保持自身性质不发生永久变化的能力，称为汽油的安定性。

评定汽油安定性的指标主要有实际胶质和诱导期。

实际胶质：实际胶质是指在规定的条件下，测得的汽油蒸发残留物的正庚烷的不溶部分。国家标准规定，实际胶质不超过 5 mg/100 mL。

诱导期：诱导期是指在规定的加速氧化条件下，油品处于稳定状态所经历的时间周期，单位为"min"。国产汽油出厂时诱导期一般为 600~800 min，普通条件下储存 21 个月后诱导期为 400~500 min。

4. 汽油的腐蚀性及其评价指标

汽油对金属机件腐蚀的能力，称为汽油的腐蚀性。汽油中的腐蚀性物质会使发动机寿命缩短，降低燃料的安定性。

腐蚀性的评价指标包括硫含量、酸度和腐蚀试验等项。

5. 汽油的清洁性及其评价指标

汽油的清洁性是指汽油中是否含有机械杂质和水分。含有机械杂质和水分会导致油路堵塞、磨损加剧等严重后果。汽油清洁性的检查方法：将 100 mL 汽油注入玻璃量筒中沉淀 12~18 h，然后观察量筒，如果透明、清洁且无机械杂质和水分沉淀即为合格。

6. 汽油的无害性

汽油在汽油机内燃烧后的燃烧产物不对人体健康和生态环境产生不利影响的性能，称为汽油的无害性。汽油的无害性与汽油的组分有关。引起燃烧产物对机动车排放产生不利影响的汽油组分有铅、锰、铁、铜、磷、硫等，引起燃烧产物对人体健康和生态环境产生不利影响的汽油组分有苯、烯烃、芳香烃等有机物。

7. 汽油的热值

燃料的热值是指 1 kg 燃料完全燃烧后所产生的热量，汽油的热值约为 44 000kJ/kg。

目前，我国车用汽油标准执行的是车用无铅汽油（GB 17930—2006）。GB 17930—2006 将车用无铅汽油按研究法辛烷值分为 90 号、93 号和 97 号三个牌号。牌号表示研究法辛烷值（RON），例如 90 号汽油表示该汽油的辛烷值不小于 90。

由于汽油易燃、易爆、易产生静电，故使用中要注意安全。严禁将汽油作煤油炉、汽化炉的燃料，以免发生火灾。

（二）汽油机可燃混合气

1. 可燃混合气成分的表示方法

可燃混合气是指空气与燃料的混合物，其成分对发动机的动力性、经济性有很大的影响。可燃混合气的浓度通常用过量空气系数（α）和空燃比（R）来表示。

（1）过量空气系数。

燃烧 1 kg 燃油实际供给的空气质量与理论上完全燃烧 1 kg 燃油所需空气质量之比称为过量空气系数，用 α 表示。

α = 燃烧 1 kg 燃油实际供给的空气质量/理论上完全燃烧 1 kg 燃油所需空气质量

α = 1 时的可燃混合气称为理论混合气；α < 1 时称为浓混合气；α > 1 时称为稀混合气。

（2）空燃比。

可燃混合气中空气的质量与燃油质量之比称为空燃比，用 λ 表示。

$$\lambda = 空气质量/燃油质量$$

理论上 1 kg 汽油完全燃烧所需空气质量约为 14.7 kg。显然，$\lambda = 14.7$ 的可燃混合气称为理论混合气；$\lambda < 14.7$ 的可燃混合气称为浓混合气；$\lambda > 14.7$ 的可燃混合气称为稀混合气。

二维码 7-26：空燃比控制方法

2. 不同成分的混合气对发动机性能的影响

发动机的功率和耗油率都是随着过量空气系数 α 的变化而变化的，如图 7-97 所示。

（1）标准混合气（$\alpha = 1$）。这只是理论上完全燃烧的混合气，但实际上由于混合时间和空间的限制，汽油颗粒和蒸气不可能及时地与空气绝对均匀地混合，所以这种混合气在气缸中不能得到完全的燃烧。

（2）稀混合气（$\alpha > 1$）。α 为 1.05～1.15，这种混合气可以使汽油分子获得足够的空气而完全燃烧。当 $\alpha = 1.11$ 时，燃料燃烧最完全，经济性最好，耗油率最低。

（3）浓混合气（$\alpha < 1$）。α 为 0.8～0.9，这种混合气可使发动机的功率最大，当 $\alpha = 0.88$ 时达到最大功率，但由于氧气不足，故不能充分燃烧，环保性变差。

（4）燃烧极限。可燃混合气太浓（$\alpha < 0.4$）或太稀（$\alpha > 1.4$）时，虽能着火，但火焰无法传播，将导致发动机熄火，此 α 值分别为燃烧上极限和下极限。

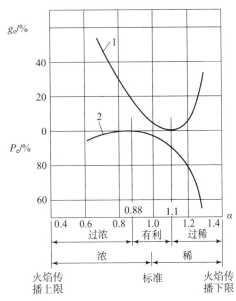

图 7-97 可燃混合气成分对发动机性能的影响（发动机转速不变、节气门全开）

3. 发动机各种工况对可燃混合气浓度的要求

由于发动机在工作时，其工况（转速和负荷情况）是不断变化的，所以要求所需可燃混合气的浓度也不同，如图 7-98 所示。

（1）正常工况。

1）怠速工况。发动机怠速是指发动机对外无功率输出的工况。这时可燃混合气燃烧后对活塞所做的功全部用来克服发动机内部的阻力，使发动机以低转速稳定运转。一般情况下，汽油机的怠速转速为 700～900 r/min，此时节气门接近关闭，吸入气缸内的可燃混合气数量很少。在这种情况下气缸内的残余废气量相对较多，混合气被废气严重稀释，使得燃烧速度减慢甚至熄火，为此要求供给 α 为 0.6～0.8 的混合气，用以补偿废气的稀释作用。

2）小负荷工况。发动机在小负荷时，节气门的开度在 25% 以内。随着进入气缸内混合气数量的增多，汽油雾化和蒸发的条件有所改善，残余废气对混合气的稀释作用相对较弱。因此，应该供给 α 为 0.7～0.9 的混合气。

3）中等负荷工况。中等负荷工况时的节气门开度在 25%～85%。汽车发动机大部分时间在中等负荷工况下工作，因此应该供给 α 为 1.05～1.15 的混合气，以保证发动机有效的

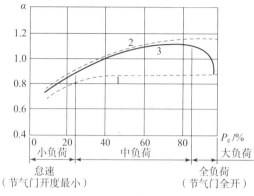

图 7-98 混合气浓度与负荷的关系

1—相应于最大功率时的 α 值；2—相应于最低
燃油消耗率时的 α 值；3—理想 α 值

燃油经济性。

4）大负荷和全负荷工况。发动机在大负荷或全负荷工作时，节气门接近或达到全开位置。此时需要发动机发出最大功率以克服较大的外界阻力或加速行驶，为此应该供给 α 为 0.85~0.95 的混合气。

（2）过渡工况。

1）冷起动工况。当发动机在冷起动时，因为温度较低，汽油不容易蒸发气化，加之起动时转速低（50~100r/min），导致进入气缸的混合气中汽油蒸气太少，混合气过稀，不能着火燃烧。为了使发动机能够顺利起动，要求供给 α 为 0.2~0.6 的浓混合气，以使进入气缸的混合气在火焰传播界限之内。

2）暖机工况。在发动机低温起动以后，转速逐渐升高并趋于稳定，但由于此时的发动机温度较低，故仍存在汽油蒸发不良等问题，为了使发动机正常运转，需继续提供较浓的混合气。

3）加速工况。汽车在行驶的过程中，有时需要在短时间内迅速提高车速，即急加速。此时，节气门突然开大，发动机转速迅速提高，由于大量的新鲜空气进入进气管，使其温度降低，汽油的蒸发性变差，致使混合气瞬时过稀，发动机不仅不能加速，反而可能熄火，所以需要额外供给较浓的混合气。

4）急减速工况。在汽车急减速时，节气门在短时间内快速关闭，进气量迅速减少，要求减小喷油量，甚至停止喷油（急减速断油），以避免发动机有害物排放量增加及增加催化转换器的负担。

（三）稀薄燃烧与节能减排

1. 节能减排的主要途径

节能、环保、安全是当前人们最关心、汽车行业最亟须解决的三大主题，而降低汽车燃料消耗本身就可以有效地降低排放及其对环境的污染。

整车通过采取系统化、轻量化、重型化、小型化、柴油化、智能化等有效措施；变速器向多挡位手动、自动、手自一体化、CVT 方向发展；发动机采取燃料直喷、稀薄燃烧、增压中冷、可变气门、多气门、混合动力驱动、替代能源等技术，以减少能源的消耗，降低有害物质的排放。

汽车节能减排的关键是提高发动机的燃烧效率、减少能量消耗、降低排放污染。发动机降低油耗的措施与效果如图 7-99 所示。

2. 发动机节能减排技术

（1）缸内直喷式发动机系统。

汽油机的缸内直喷燃烧系统是随着汽车技术特别是汽油机电控技术中稀燃催化器的发展而在现代汽车上得以应用的。图 7-100 所示为丰田公司 1996 年开发并商品化的汽油机缸内直喷式稀薄燃烧系统。

系统通过设在进气道上的电子涡流控制阀（E-SCV）控制进气涡流，从而促进气缸内混

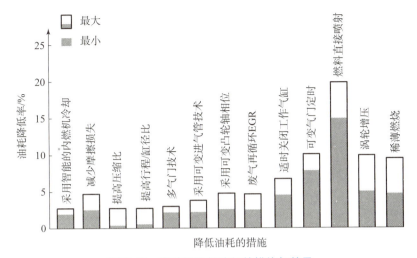

图 7-99 发动机降低油耗的措施与效果

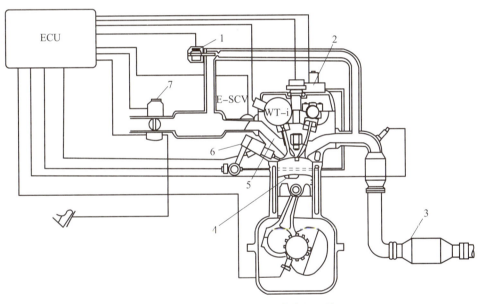

图 7-100 丰田公司 D-4 发动机系统

1—电控 EGR 阀；2—高压油泵；3—NO_x 吸附还原型催化转换器；4—唇状燃烧室；5—螺旋进气道；
6—高压旋流喷油器；7—电控节流阀

合气的形成；通过对半球屋顶形燃烧室、极富特征的唇形深皿凹坑活塞顶及进气涡流旋向、高精度的喷油时间和喷油方向的控制，在火花塞周围形成较浓的易燃混合气；通过电喷系统实现不同的燃烧方式。低速及部分负荷时，在压缩行程后期喷油，形成明显的分层燃烧；在高速及大负荷时，进气行程就开始喷油，以形成均质燃烧。

（2）稀薄燃烧技术。

稀薄燃烧发动机是指能燃用空燃比大于等于 18 的稀薄混合气的汽油机，又称稀燃汽油机。稀薄燃烧按供给方式分为均质和非均质两种。燃用均质稀混合气的缺陷是混合气过稀时发动机常常处于失火状态，这时即使用高能点火系统进行点火，因为单位体积内的燃料数量太少，产生的热量很微小，往往也不足以支持火焰的正常传播。

近年来，随着多气门技术及电控技术的发展，人们利用缸内气体的滚流（如图 7-101 所示）和涡流（如图 7-102 所示）开发了多种分层稀燃系统。分层燃烧即稀薄燃烧中的非均质燃烧，是实现稀薄燃烧的主要方式。

燃用分层混合气的优点是在点火瞬时，发动机燃烧室内的混合气浓度呈层状变化，在火花塞附近较浓的混合气被点燃后，火焰沿层状混合气由浓向稀的方向传播，这样可以确保正常点火及燃烧，同时可以扩展稀燃失火极限，完成整个燃烧过程。采用分层燃烧，不仅可以燃用很稀的混合气，还可以实现发动机负荷的调节，是改善汽车发动机排气污染、提高经济性最有效的途径之一。

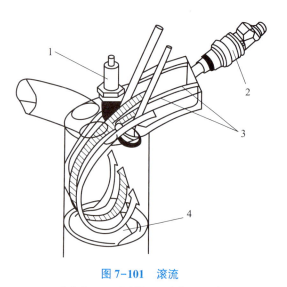

图 7-101 滚流

1—火花塞；2—喷油器；3—隔板；4—气缸

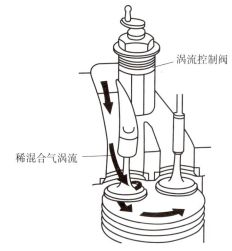

图 7-102 涡流

（四）进气增压系统的结构与工作原理

通过对给定排量的发动机进行增压或增压中冷，以增加充气量和充气密度，相应地增加循环供油量，从而大幅增加发动机的升功率，改善燃油经济性，有效地控制排放（NO_x）等。采用增压中冷后，当汽车以正常的经济车速行驶时，可以提高汽车的动力性和燃油经济性，从而有效地降低有害排放物的排放量。

发动机进气增压中冷就是将空气预先压缩，再经冷却，然后供入气缸，以提高进气密度、增加充气量的一项技术。将气体预先压缩，增大密度后再送入发动机气缸的过程称为增压，实现进气增压的装置称为增压器；而将压缩的气体进行冷却，进一步增大密度后再送入发动机气缸的过程称为中冷，在发动机进气管与增压器压气机之间实现进气温度降低的装置称为中冷器。

发动机进气增压的类型有谐振增压、机械增压和废气涡轮增压等。谐振增压是利用气流惯性产生的压力波增加进气，以实现增压；机械增压是利用内燃机的一部分机械功驱动压气机，以实现增压；废气涡轮增压是利用内燃机的一部分排气能量驱动增压器，以实现增压。废气涡轮增压器与内燃机只有流体联系。

1. 谐振增压

为了提高充气效率、增大进气压力，部分发动机采用进气谐振惯性增压系统。该系统是利用进气流惯性产生的压力波增加进气量，以提高发动机的动力性能的。

当进气门迅速关闭时，在进气流的惯性力作用下，气流仍会向气门方向流动，使进气门附近的气体压缩，压力上升，随即被压缩的气体因压力较高而向反方向膨胀流动，当膨胀气体波传到进气管口时，因受到外界大气压的阻挡，被反射回来。如此往复，即在进气门和进气管口之间的管道中形成压力波。如果使这个压力波与进气频率（转速）协调，即可使进气管内的气体产生谐振，就会在进气门关闭之前于进气歧管内产生大幅度的压力波，使进气门处的气压增高、进气增多。

谐振压力波的波长与进气管的长度成正比。波长较大的谐振压力波有利于发动机中、低转速范围内的进气增压；反之，则有利于发动机高速范围内的进气增压。

（1）不可变进气歧管谐振增压。

固定长度进气歧管适合最大转矩所对应转速范围内的进气谐振增压，如图7-103所示。

（2）可变进气歧管谐振增压。

二维码7-27：发动机进气系统

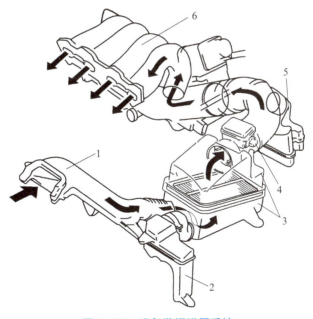

图7-103 进气谐振增压系统

1—进气导流管；2—副谐振室；3—空气滤清器；4—空气流量计；5—主谐振室；6—进气歧管

通过电控单元ECU控制，自动改变进气歧管的有效长度，在所有转速下均可提高发动机的功率，如图7-104所示。

当发动机中、低速运转时，ECU发出指令，转换阀控制机构关闭转换阀，此时空气沿着图7-104（a）箭头所示的路径，经过空气滤清器和节气门沿着弯曲而又细长的进气歧管进入气缸，细长的进气歧管提高了进气速度，增强了气流的动能，使进气量增多。当发动机高速运转时，转换阀开启，此时由于大容量空气室的参与，空气沿图 7-104（b）箭头所示的路径，经空气滤清器和节气门直接进入短粗的进气歧管，然后进入气缸，使进气增多。

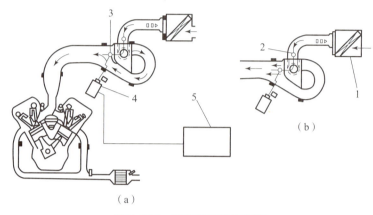

二维码 7-28：可变
进气管系统

图 7-104　可变长度进气歧管
（a）低转速；（b）高转速
1—空气滤清器；2—节气门；3—转换阀；4—转换阀控制机构；5—电控单元 ECU

可变长度进气歧管不仅可以提高发动机的动力性，还由于它提高了发动机在中、低速运转时的进气速度而增强了气缸内的气流强度，从而改善了燃烧过程，使发动机中、低速的燃油经济性也有所提高。

2. 机械增压

机械增压是一种通过发动机直接驱动压气机，以提高发动机进气压力的增压方式，如图 7-105 所示。机械增压器由发动机曲轴经齿轮增速器驱动或经同步齿形带及电磁离合器驱动。机械增压的特点是能有效地提高发动机功率，与涡轮增压相比，其低速增压效果更好。另外，机械增压器与发动机容易匹配，结构也比较紧凑。但是，由于驱动增压器需消耗

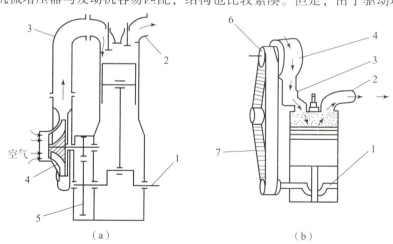

图 7-105　机械增压
（a）齿轮增速器驱动；（b）同步齿形带驱动
1—曲轴；2—排气管；3—进气管；4—机械增压器；5—齿轮增速器；6—电磁离合器；7—同步齿形带

发动机的功率，故机械增压压力越高，压气机消耗功率越大。轿车用的机械增压内燃机，驱动压气机消耗的功率为 10~15 kW，为保证内燃机的机械效率，增压压力不能过高。

根据压气机的工作原理，机械增压器可分为机械离心式、罗茨式、滑（叶）片式、螺杆式和转子活塞式等。

(1) 罗茨增压器。

罗茨增压器实质是一种转子式增压器，其结构如图 7-106 所示。它由转子、转子轴、传动齿轮、壳体、后盖和齿轮盖等构成。在压气机前端装有电磁离合器及电磁离合器带轮，在罗茨式压气机中有两个转子。发动机曲轴带轮经传动带、电磁离合器带轮和电磁离合器驱

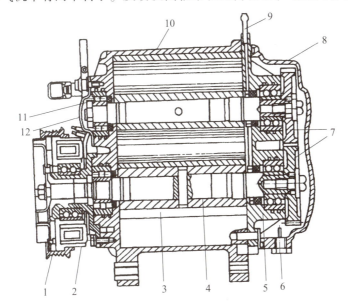

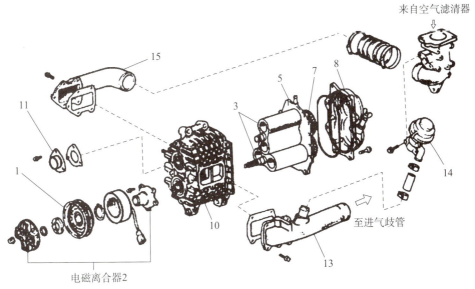

图 7-106 罗茨增压器的结构

1—电磁离合器带轮；2—电磁离合器；3—转子；4—转子轴；5—后盖；6—放油塞；7—传动齿轮；
8—齿轮盖；9—通风管；10—壳体；11—滚子轴承；12—前盖；13—出气管；14—旁通阀；15—进气管

动其中的一个转子，而另一个转子则由传动齿轮带动与第一个转子同步旋转。转子的前后端支承在滚子轴承上，滚子轴承和传动齿轮用高速齿轮油润滑。转子轴的前后端装置需进行油封，以防止润滑油漏入压气机壳体内。

罗茨增压器的转子有两叶（齿数）和三叶之分，如图 7-107 所示。三叶转子增压器有较低的工作噪声和较好的增压器特性，比两叶式的运转平稳、供气均匀。增压器相互啮合的转子与转子之间以及转子与壳体之间都有很小的间隙（一般为 0.025~0.050 mm），工作时不得接触，且应有较好的气密性。转子一般用铝合金制造，其表面还涂敷树脂。

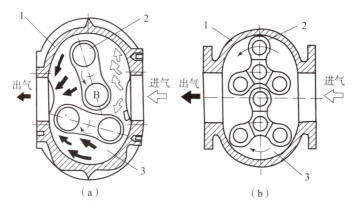

图 7-107　罗茨增压器的工作原理

(a) 两叶式；(b) 三叶式
1—壳体；2—转子；3—腔室

罗茨增压器的工作原理如图 7-107（b）所示，当转子按箭头方向旋转时，空气从压气机进气口吸入，在转子叶片的挤压下空气被压缩，然后从增压器出气口压出。出气口与进气口的压比可达 1.8。罗茨增压器结构简单、工作可靠、寿命长、运转范围宽，同一增压器的供气量与其转速成正比。

（2）螺杆增压器。

螺杆增压器的工作原理与罗茨增压器相似，只是转子结构及进、出气口位置不同。螺杆增压器的结构如图 7-108 所示，两转子的轮齿制成螺杆状，轮齿的升角可达 240°，增压器的进、出气口对角布置，空气沿螺杆流动。

螺杆增压器工作时，转子轮齿的啮合是渐变的，空气压缩更平稳，这是其与罗茨增压器

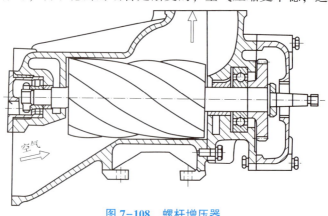

图 7-108　螺杆增压器

相比最大的优点。

3. 废气涡轮增压

（1）废气涡轮增压原理。

废气涡轮增压是车用发动机广泛采用的主要增压方式。它是将发动机排出废气的部分能量转化为机械能，从而带动同轴的压气机叶轮旋转，压气机将压缩后的空气充入气缸实现增压，如图 7-109 所示。增压器涡轮壳的进气口与发动机排气管相连接，增压器压气机壳的出气口与柴油机进气管相连接。发动机排出的具有 500 ℃～750 ℃ 高温及一定压力的废气，经涡轮壳进入喷嘴环。由于喷嘴环的通道面积由大到小，使废气的压力和温度下降，而流速却迅速提高，故可利用这个高速的废气气流，按一定的方向冲击涡轮，使涡轮高速旋转。废气的压力和温度越高，涡轮转得越快。而与涡轮同轴的压气机叶轮以相同的速度旋转，将经过空气滤清器过滤的空气吸入压气机。高速旋转的压气机叶轮把空气甩向叶轮的边缘，速度增加后进入扩压器。扩压器的形状是进口小、出口大，因此，经扩压器的气流速度下降而压力升高，再通过截面由小到大的环形压气机壳，使气流压力进一步提高后，经进气管进入气缸，从而起到了增压的作用。

废气涡轮就是一个小型的燃气轮机，涡轮增压器与发动机之间只有气管相连实现气体动能的传递，而无任何机械连接。这种增压方式能有效地利用排气的能量，经济性比机械增压和非增压发动机都好，并可大幅降低有害气体的排放和噪声水平。但缺点是由于涡轮机是流体机械，而发动机是动力机械，因此增压发动机低速时的转矩增加不多，而且在发动机工况发生变化时，瞬态响应特性较差，致使汽车加速性特别是低速加速性较差。

（2）废气涡轮增压器。

废气涡轮增压器是利用内燃机排出的部分废气能量，通过涡轮驱动压气机，使空气增压的装置。废气涡轮增压器的结构如图 7-110 所示，其主要由压气机（包括压气机叶轮、压气机蜗壳）、涡轮（包括涡轮叶轮、涡轮蜗壳）和中间体三部分组成。中间体内有轴承，以支承转子总成（压气机叶轮、涡轮叶轮和轴等），除此之外还包括密封、润滑油路和冷却腔等。压气机叶轮的叶片形式如图 7-111 所示，有前弯叶片、径向叶片和后弯叶片。前弯叶片压缩比高，后弯叶片效率高，径向叶片强度高。叶轮常用铝合金精密铸造，叶轮通道无须加工。

车用涡轮增压器广泛使用径流式涡轮，如图 7-112 所示。废气从涡轮叶轮外缘径向流入、轴向流出，因此，也称径流内心式涡轮。在小流量工作条件下，径流式涡轮效率高，结构简单，可精密铸造，转动惯量小，适于可变工况工作。

现代车用发动机废气涡轮增压器多用无叶片喷嘴，蜗壳兼有喷嘴作用，将燃气的压力能和热能部分地转换成动能，并使燃气以一定的角度进入涡轮叶轮，且可控制进入叶轮的燃气的流量和气流方向，以调整涡轮与压气机的配合功率，如图 7-113 所示。

涡轮叶轮、压气机叶轮、锁紧螺母及密封套等零件装在一根轴上，构成涡轮增压器的转子。涡轮叶轮和压气机叶轮广泛采用背对背、轴承内置结构。这种结构不会影响压气机进口和涡轮出口的流道，气流通畅。涡轮的高温对压气机影响小，平衡性好。涡轮叶轮加工后，用氩弧焊、摩擦焊、电子束焊等方法与轴焊接成一体，最后进行加工及动平衡。转子的动平衡精度和轴承的结构是保证高速废气涡轮增压器可靠性的关键。

小型增压器转子转速为 2×10^5 r/min，故现代车用涡轮增压器都采用浮动轴承，如

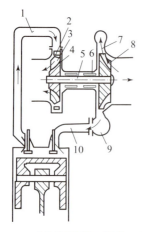

图 7-109 废气涡轮增压器的工作原理
1—排气管；2—喷嘴环；3—涡轮；4—涡轮壳；5—转子轴；6—轴承；7—扩压器；8—压气机叶轮；9—压气机壳；10—进气管

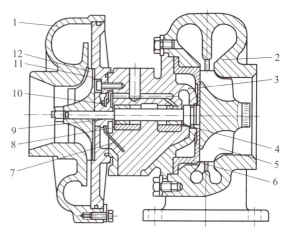

图 7-110 废气涡轮增压器的结构
1—压气机蜗壳；2—涡轮蜗壳；3—中间体；4—浮动轴承；5—涡轮叶轮；6—隔热板；7—挡油板；8—止推轴承；9—密封套；10—密封环；11—压气机后体；12—压气机叶轮

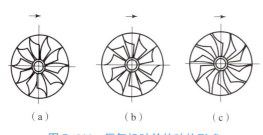

图 7-111 压气机叶轮的叶片形式
(a) 前弯叶片；(b) 径向叶片；(c) 后弯叶片

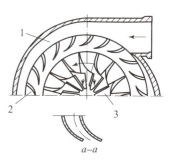

图 7-112 径流式涡轮
1—蜗壳；2—喷嘴环；3—叶轮

图 7-114 所示。浮动轴承实际上是套在轴上的浮动环，环与轴以及环与轴承座之间都有间隙，形成两层油膜。工作时，轴承本身也转动。内、外层油膜不但起减振和阻尼作用，而且可降低轴与轴承的相对速度，有利于减小油膜的旋涡和油层间的切线速度。浮动轴承内、外间隙对轴承工作性能影响很大，一般内间隙为 0.05 mm 左右、外间隙为 0.1 mm 左右，外间隙约为内间隙的 2 倍。浮动轴承的壁厚为 3~4.5 mm。

增压器轴承的润滑和冷却如图 7-115 所示，都采用内燃机润滑系统内的机油，不再单独设置润滑系统。从发动机滤清后的压力机油中分出一路进入涡轮增压器中间体上方的机油进口处，到主油道，然后并联地进入两个浮动轴承和推力轴承，流入中间体下部，再回到发动机油底壳。

除向增压器供油冷却外，近年来又在增压器中间体的涡轮侧

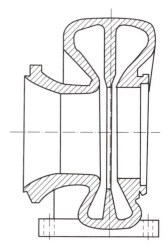

图 7-113 无叶蜗壳

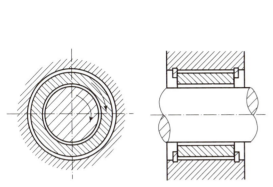
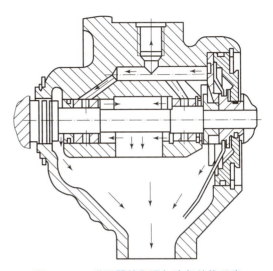

图 7-114 浮动轴承原理　　　　图 7-115 增压器的润滑与冷却结构示意

设有冷却水腔，以增强冷却效果。冷却液取自内燃机冷却系统。

增压内燃机为获得低速大扭矩和良好的加速性，涡轮增压器须按内燃机低速、小流量设计。轿车用增压器的设计转速常为标定转速的 40%（在高速时，会使增压压力过高、增压器超速）。为保证涡轮增压器正常工作，采用了带放气阀的增压压力调节装置，如图 7-116 所示，该装置已成为废气涡轮增压器的一种标准形式。放气阀与增压器的涡轮并联地接在内燃机的排气管上。

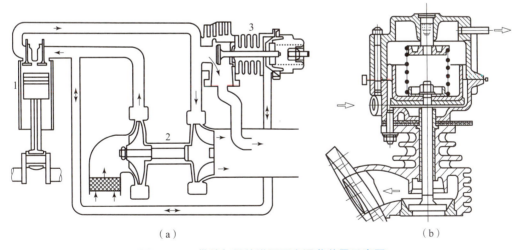

图 7-116 带放气阀的增压压力调节装置示意图
(a) 系统图；(b) 放气阀
1—内燃机；2—废气涡轮增压器；3—放气阀

放气阀的阀门固定在膜片上。膜片上部通大气，并受弹簧的作用，下部与压气机出口的增压空气相通。平时，弹簧将放气阀的阀门压在阀座上，由内燃机排气管来的废气不能经阀门旁通到涡轮出口的排气管内。一旦增压压力对膜片的作用力超过弹簧预压紧力，阀门打开，一部分废气不经涡轮做功而直接从涡轮出口排入大气中，使压气机压缩空气的增压压力回落,以保证空气增压压力的自动调节。除机械式的放气阀增压压力调节装置以外,最近又开发出了电子增压压力调节装置,这种调节装置可保证内燃机在部分负荷时仍能调节最佳的增压空气压力。

4. 复合增压

复合增压系统是指采用机械式和废气涡轮式增压装置的联合增压系统。这种系统进一步满足了发动机各工况的需求,提高了发动机性能。按其配合的不同主要有串联复合增压系统、并联复合增压系统和混联复合增压系统等。

(1) 串联复合增压系统。

串联复合增压系统就是串联增压,又称二级增压,其工作原理如图 7-117 所示。新鲜空气先经废气涡轮增压器增压,再经机械增压器进一步增压后充入气缸(或先经机械增压器增压,再经废气涡轮增压器进一步增压后充入气缸),以提高发动机的进气压力。由于机械增压器具有效率较高、结构尺寸较小的特点,故常设为第二级增压。

(2) 并联复合增压系统。

并联复合增压系统就是并联增压,其工作原理如图 7-118 所示。新鲜空气分别经废气涡轮增压器和机械增压器增压后充入气缸。由于两个增压器同时工作,故须有较好的配合特性,其结构尺寸较串联式小。

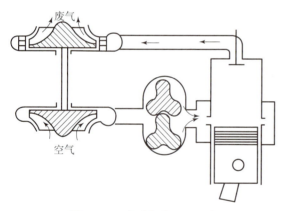

图 7-117 串联复合增压系统

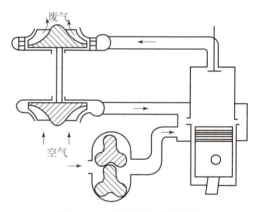

图 7-118 并联复合增压系统

(3) 混联复合增压系统。

混联复合增压系统就是串、并联配合增压。在发动机起动和小负荷工作时由串联增压系统增压;在发动机大负荷或高转速工作时由并联增压系统增压。

(4) TSI 发动机增压系统。

TSI(Twin Charged Stratified Injection)发动机增压系统是指德国大众将其 2001 年推出的燃油分层直喷燃烧技术 FSI(Fuel Stratified Injection)与混合式复合增压技术融合在一起而形成的增压系统,其实现了高效、节能、减排的目的,如图 7-119 所示。TSI 汽油机的增压系统为可变串联式复合增压系统,第一级采用罗茨机械增压器,第二级采用废气涡轮增压器,进气转换阀与第一级罗茨机械增压器并联。发动机曲轴经电磁离合器、楔形传动带驱动罗茨机械增压器。一汽大众发动机(大连)公司也采用该技术生产涡轮增压直喷汽油机。

发动机低速小负荷工作时,进气转换阀关闭,电磁离合器接合,楔形传动带驱动罗茨机

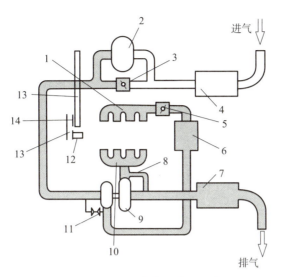

图 7-119　TSI 发动机增压系统

1—进气歧管；2—罗茨机械增压器；3—进气转换阀；4—空气滤清器；5—节气门；6—中冷器；7—催化转化器；8—旁通阀；9—涡轮；10—排气支管；11—超速低环空气阀；12—曲轴；13—传动带；14—电磁离合器

械增压器增压的空气经废气涡轮增压器压气机压入气缸。此时尽管涡轮转速较低，但由于罗茨机械增压器的增压作用，避免了普通单一废气涡轮增压器低速时的"迟滞"现象，提高了发动机低速时的进气压力和转矩特性；发动机中速、中负荷工作时，废气涡轮增压器的增压作用增强，为了避免负荷过大，需调低罗茨机械增压器的增压比，通过 ECU 控制进气转换阀部分开启，使机械增压的高压空气部分回流到罗茨机械增压器的入口端，从而降低了通往废气涡轮增压器的输入压力，更好地适应发动机工况；随着发动机转速和负荷的增大，当废气涡轮增压器的增压比增大到不需要机械增压器参与增压时，进气转换阀开启，电磁离合器分离，罗茨机械增压器停止工作，由废气涡轮增压器单独增压。

为避免发动机高速运转时突然关闭节气门而导致压气机背压过高，电控超速循环空气阀打开，把增压空气引回压气机进气端，从而使涡轮增压器转速逐渐降低。

5. 中冷器

在发动机进气管与增压器压气机之间安装一个降低进气温度、增大进气密度、提高发动机功率的装置，称为空气中间冷却器，简称中冷器。

中冷技术可使发动机在热负荷不增加甚至降低以及机械负荷略有增加的前提下，较大地提高其功率，降低油耗与排放。试验证明，进入气缸的空气温度每下降 10 ℃，油耗可下降 0.5%，功率可提高 2.5%~4%，增压压力越高，中冷器的效果越显著。

（1）中冷器的分类。

按中冷器冷却介质的不同可分为空冷式中冷器和水冷式中冷器。

空冷式中冷器结构复杂，具有冷却效果好、热比高、工作可靠、体积小、质量小等优点，被汽车发动机普遍采用。

水冷式中冷器中的冷却水可以是发动机的冷却水，也可以是外源水，结构简单，但由于冷却水的温度为 80 ℃~90 ℃，所以对空气的冷却程度有限。

(2) 中冷器的结构。

中冷器的结构因换热介质的不同而不同。图7-120所示为空冷式中冷器布置，其结构与发动机冷却水散热器的结构相似。其安装位置如上所述，大部分装在发动机冷却水散热器的前面，利用柴油机风扇对中冷器进行冷却；有的是单独设置一个冷却风扇，装在发动机上半部，对中冷器冷却。中冷器外形随发动机的机型而异，其结构大多由外面带有散热板翅的通道、箱体和集气室组成。增压的空气由集气室流经扁管进行冷却。

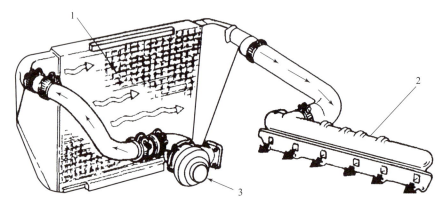

图7-120 空冷式中冷器布置
1—中冷器；2—进气管；3—增压器

(3) 空冷式中冷器。

空冷式中冷器是利用环境中的空气来冷却增压的空气，即热交换介质是空气，其结构简单，工作可靠。中冷器冷却单元有板翅式、管翅式等多种形式。

1) 板翅式。板翅式中冷器冷却单元的结构如图7-121所示。在由厚0.1~0.3 mm薄金属板制成的翅片两侧钎焊有厚0.5~0.8 mm的薄金属板。因各层翅管片方向互相错开90°，故两个不同方向的翅片分别形成了两种交错流动换热介质的通道。板翅式中冷器大多用铜和铝合金制造，其结构紧凑、传热面积大、效率高。

为了增强气流的扰动、破坏边界层、强化传热，常采用锯齿翅片或多孔翅片等形式。而锯齿翅片加剧了流体的湍动，对破坏热阻边界非常有效。

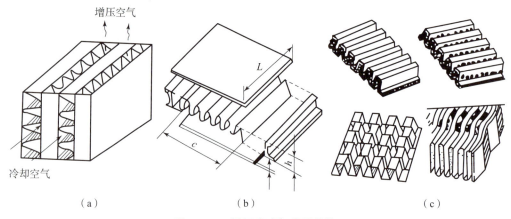

图7-121 板翅式冷却单元结构
(a) 冷却单元；(b) 结构形式；(c) 翅片形状

2）管翅式。管翅式中冷器冷却单元是在板翅式的基础上发展起来的，其结构与板翅式相似，如图7-122所示。其主要优势是热气侧的通道为多孔成形管材，简化了工艺，避免了翅片和隔板之间的虚焊及工作振动的脱焊而造成的接触热阻，提高了传热效率和工作可靠性。其缺点是热气侧只能是光直的通道，难以采用扰流措施。目前管翅式中冷器已得到越来越多的应用。

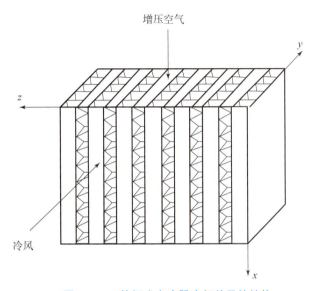

图7-122 管翅式中冷器冷却单元的结构

学习任务 8
点火系统结构与拆装

某客户反映，自己的东风雪铁龙轿车加速反应迟缓，急加速尤为明显，车辆行驶过程中明显感到动力不足。进入 4S 店进行车辆检查，原因为该车点火线圈工作不良，更换点火线圈后，故障排除。

通过本任务学习，应能：
1. 正确识别发动机点火系统；
2. 分析微机控制电子点火系统的结构与工作原理；
3. 正确拆装点火系统。

（一）点火系统的组成与分类

1. 点火系统的作用

发动机点火系统的作用就是将低压电（12 V）转变成高压电（15~25 kV），并按照发动机的点火顺序，在规定时刻供给火花塞足够能量的高压电，使火花塞产生电火花，点燃可燃混合气，使发动机做功。

2. 点火系统的要求

（1）高压要求。

即点火装置能够产生足以击穿火花塞电极间隙的高电压。影响击穿电压的因素有：火花塞两电极间隙、电极的温度与极性、气缸内混合气的压力与温度和发动机的工作情况等。发动机正常工作时击穿电压一般均在 15 kV 以上；发动机在满载低速时击穿电压为 8~10 kV；起动时需要 19 kV 的电压。考虑各种不利因素的影响，通常点火系统的设计电压为 20~30 kV。

（2）高能要求。

即电火花应具有足够的点火能量。发动机正常工作时，由于混合气压缩终了的温度很高，此时所需的点火能量很小（1~5 mJ）。但在发动机起动、怠速运转以及急加速时，则需要较高的点火能量。因此，为了保证可靠点火，通常要求点火系统提供的火花能量不得低于 50 mJ。

(3) 正时要求。

即点火时间应与发动机的工作情况相适应。一是点火系统应该按照发动机的做功顺序进行点火，即点火顺序和做功顺序一致；二是点火系统必须在对发动机工作最有利的时刻点火。一般我们用点火提前角来描述点火时刻。点火提前角是指从火花塞电极跳火开始到其运行至压缩上止点为止这一段时间内曲轴所转过的角度。通常把能够保证发动机输出功率最大、油耗最低的点火提前角称为最佳点火提前角。不同型号发动机的最佳点火提前角各不相同，并且同一台发动机在不同的工况和使用条件下最佳点火提前角也不相同。因此，点火系统必须能够随发动机工况的变化，自动调整点火提前角，以保证发动机的最佳性能。

3. 点火系统的组成与分类

按照控制一次电流通断方式的不同，汽车点火系统的发展大致经历了传统点火系统、晶体管点火系统和微机控制点火系统三个发展阶段。下面主要介绍微机控制点火系统，如图8-1所示。

微机控制点火系统又称电子控制点火系统，主要由传感器、电控单元（ECU）和点火控制器三部分组成。发动机ECU首先根据发动机转速和负荷信号确定基本点火提前角，再根据进气温度传感器、水温传感器、节气门位置传感器、爆燃传感器等的输入信号加以修正，计算出最佳点火提前角，然后向点火控制器发出点火命令，它可以使发动机在任何工况下均处于最佳点火提前角状态，并实现点火提前角控制、通电时间控制和爆燃控制三方面的功能。

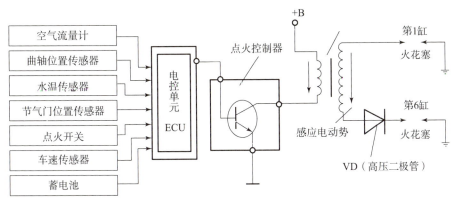

图8-1 微机控制点火系统的组成与工作原理

（二）微机控制电子点火系统的结构与工作原理

发动机控制模块（ECM）通过单独的点火线圈控制电路，控制每个气缸的点火。当发动机控制模块指令点火控制电路通电时，电流将流经点火线圈的初级绕组，形成一个磁场；当点火被请求时，发动机控制模块指令控制电路断开，阻止电流流过初级绕组。此时由初级绕组形成的磁场穿过次级线圈绕组时减弱，产生一个穿过火花塞电极的高压。

发动机控制模块使用来自曲轴位置传感器、凸轮轴位置传感器的信息，来控制点火的顺序及正时；发动机ECU能够根据发动机转速和负荷等传感器信号实现点火提前角的最佳控制。发动机控制模块将检测每个点火控制电路上的异常电压。

1. 点火线圈双缸同时点火系统

点火线圈双缸同时点火方式是每两个气缸的火花塞配备一个点火线圈，两个同步气缸同时点火，如图 8-2 所示。东风雪铁龙爱丽舍、北京现代索纳塔，以及捷达、奇瑞、宝来、赛欧等轿车型均采用此类点火系统，整体式点火线圈如图 8-3 所示。

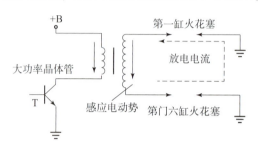

图 8-2 双缸同时点火系统

图 8-3 整体式点火线圈

桑塔纳轿车即采用点火线圈分组同时点火方式，其系统主要由发动机曲轴位置传感器、凸轮轴位置传感器、空气流量计、爆燃传感器、发动机 ECU、点火线圈和火花塞等组成，如图 8-4 所示。

发动机 ECU 根据空气流量计信号、发动机转速传感器信号确定基本点火提前角，然后根据冷却液温度传感器、进气温度传感器、节气门位置传感器、爆燃传感器、凸轮轴位置传感器等信号进行修正，计算得到最佳点火提前角。发动机工作时，ECU 根据发动机转速传感器信号和凸轮轴位置传感器信号，识别出 1 缸和其他缸上止点位置，控制点火正时。

桑塔纳轿车采用双缸同时点火系统，其电路如图 8-5 所示。

发动机 ECU 据此向点火线圈发出工作指令，依次使两点火线圈接通或断开一次电流。一次电流的方向：点火开关 15→ 点火线圈 2 号端子→点火线圈 N128（或 N）一次绕组→点火线圈 1 号端子（或 3 号端子）→发动机 ECU71 号控制端子（或 78 号）。当两同步缸（1、4 缸或 2、3 缸）同时到达上止点时，点火线圈一次电流断开，两缸火花塞同时跳火。

第 1 缸接近压缩行程上止点，点燃混合气，为有效点火，此时第 4 缸接近排气行程上止点，为无效点火。由于无效的点火缸处于排气行程，缸内气体的温度较高而压力较低，火花塞

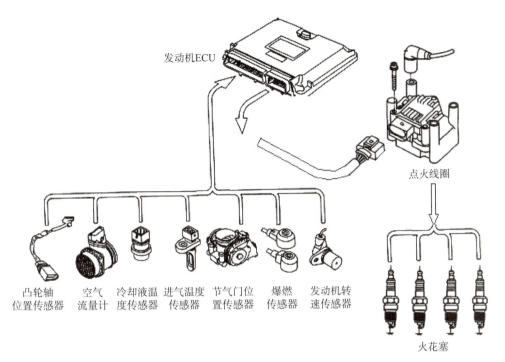

图 8-4 桑塔纳轿车双缸同时点火系统

电极间的击穿电压很低，所以对有效点火缸火花塞的点火电压和跳火放电的能量影响很小。

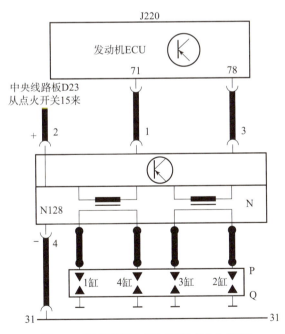

图 8-5 桑塔纳轿车双缸同时点火电路图

N128—点火线圈（1 缸、4 缸）；N—点火线圈（2 缸、3 缸）；71—点火回路（1 缸、4 缸）；
78—点火回路（2 缸、3 缸）；P—火花塞插头；Q—火花塞；J220—发动机 ECU

2. 点火线圈单独点火系统

点火线圈单独点火方式是指每个气缸的火花塞都配用一个点火线圈，单独对各气缸进行点火，如图8-6所示。迈腾2.0T、帕萨特1.8T、奥迪1.8T等车型均采用单独点火方式，单缸点火线圈如图8-7所示。

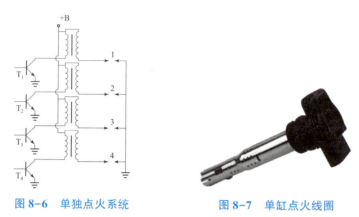

图 8-6　单独点火系统　　　　图 8-7　单缸点火线圈

帕萨特1.8T轿车点火系统主要由发动机转速传感器、霍尔传感器、爆震传感器、冷却液温度传感器、发动机ECU、点火线圈和火花塞等组成，各个缸单独的点火线圈直接安装在火花塞上，不再有中央高压线与分缸高压线，如图8-8所示。

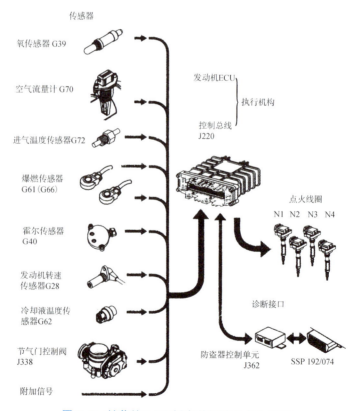

图 8-8　帕萨特1.8T轿车单缸独立点火系统

发动机工作时，ECU 根据曲轴位置（发动机转速）传感器 G28、空气流量计 G70、冷却液温度传感器 G62 及爆燃传感器 G61（G66）等信号，计算出不同工况下的最佳点火提前角，同时根据凸轮轴位置（霍尔）传感器 G40 的上止点识别信号，计算出 1 缸和其他缸上止点位置。发动机 ECU 据此向点火线圈发出工作指令，通过大功率晶体管依次使点火线圈接通或断开一次电流，控制点火正时。当活塞到达上止点时，点火线圈一次电流断开，在二次绕组感应出高压电，火花塞跳火。

一次电流的方向：点火开关 15→点火线圈总成插头 1 号端子（T4db/1）→点火线圈 N1（或 N2、N3、N4）一次绕组→点火线圈总成插头 3 号端子（T4db/3）→发动机 ECU 控制端子（T121/102）搭铁，如图 8-9 所示。

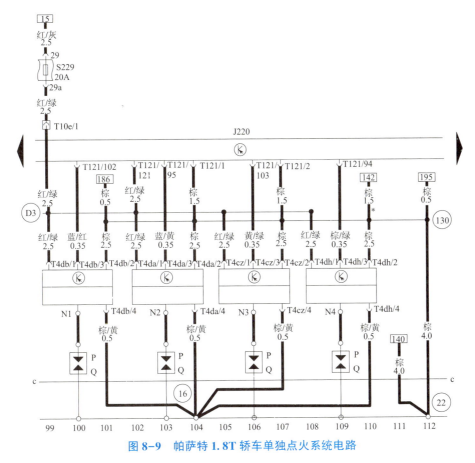

图 8-9　帕萨特 1.8T 轿车单独点火系统电路

3. 微机控制电子点火系统的控制功能

（1）点火提前角控制。

为了实现发动机动力性、经济性和废气排放性的全面优化控制，必须确保点火时间的准确性。点火提前角不但随发动机转速、负荷变化，而且还随水温、气温、空燃比、额外负荷、燃油品质等因素的变化而变化。

1）最佳点火提前角的控制。

在微机控制点火系统中，发动机 ECU 对点火提前角的控制分为发动机起动时和发动机起动后点火提前角的控制两种基本情况。

起动时点火提前角的控制：发动机起动时，因发动机转速较低，负荷信号不稳定，发动机 ECU 不进行最佳点火提前角调整控制，只是根据起动开关信号（STA）和发动机转速信号（Ne）以固定的初始点火提前角进行开环控制。

起动后最佳点火提前角的控制：

$$最佳点火提前角 = 基本点火提前角 + 修正点火提前角$$

基本点火提前角是 ECU 根据发动机转速和负荷信号确定基本点火提前角，是发动机运行过程中最为重要的点火提前角。

修正点火提前角是 ECU 根据冷却液温度传感器、进气温度传感器、节气门位置传感器等信号确定修正点火提前角，包括发动机暖机修正、怠速稳定性修正、过热修正、空燃比反馈修正和爆燃修正等。

2）最大和最小点火提前角的控制。

实际点火提前角必须控制在一定范围内，否则发动机很难正常运转。为了防止出现这种情况，在微机控制点火系统中，由 ECU 对实际点火提前角的范围进行限制，一般最大点火提前角为 35°～45°，最小点火提前角为 -10°～0°。

（2）爆燃控制。

爆燃控制就是发动机 ECU 根据爆燃传感器提供的爆燃信号的强度和频率等级，相应地推迟点火时间，防止爆燃的发生。通常通过安装在发动机气缸体上的爆燃传感器来检测发动机是否发生爆燃。爆燃传感器系统可以使发动机控制模块控制点火正时，以尽可能地获得最佳性能，同时保护发动机免受潜在的爆燃损害。

当发动机 ECU 确认爆燃存在时，它将推迟点火提前角，发动机控制模块能以一个单独气缸为基础控制火花延迟，直到爆燃现象消失为止。为了保证发动机的动力性能，爆燃消失以后，发动机控制模块将努力返回至零补偿或无点火延迟，此时 ECU 会逐步增大点火提前角。当发动机再次出现爆燃时，将会再次推迟点火提前角，并按上述调整过程反复进行，实现发动机 ECU 对点火提前角的闭环控制。

4. 火花塞

火花塞的作用是将点火线圈产生的高压电引入发动机燃烧室内，并在电极间形成电火花，点燃可燃混合气。由于火花塞承受高温、高压和化学腐蚀的作用，因此火花塞是点火系统中故障率较高的部件。

（1）火花塞的结构。

火花塞通过一个短护套与各个点火线圈相连。火花塞主要由中心电极、侧电极、两电极间的绝缘陶瓷、绝缘陶瓷内部的导电金属杆、绝缘陶瓷内部起密封作用的导电玻璃、导电金属杆上部的接线螺母、带有六方螺母和螺纹的壳体、壳体与绝缘陶瓷之间起密封作用的紫铜垫圈、壳体螺纹上部的密封垫圈等组成，如图 8-10 和图 8-11 所示。

中心电极用镍铬合金制成，具有良好的耐高温、耐腐蚀性能。

大众帕萨特 1.8L 轿车采用的 Bosch 火花塞，电极间隙为

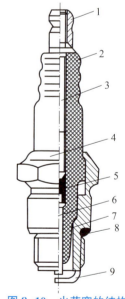

图 8-10　火花塞的结构

1—接线螺母；2—绝缘陶瓷；
3—导电金属杆；4—壳体；
5—导电玻璃；6—中心电极；
7—紫铜垫圈；8—密封垫圈；
9—侧电极

0.8~0.9 mm，拧紧力矩为 25 N·m；雪佛兰科鲁兹 1.6 L LDE/1.8 L 2HO，采用点火线圈模块点火，点火顺序为 1-3-4-2，电极间隙为 0.8~0.9 mm，拧紧力矩为 25 N·m。

二维码：NGK 火花塞介绍　　　图 8-11　火花塞常见结构形式　　　二维码：火花塞的型号

3. 火花塞的热特性

要使火花塞能正常工作，其下部绝缘体及裙部温度应保持在 500 ℃~700 ℃，这样才能使落在绝缘体上的油滴立即烧掉，不致形成积炭，通常这个温度称为火花塞的自净温度。如果低于此温度，就可能使油雾积成油层，引起积炭；如果温度过高，则会形成炽热点，发生表面点火。

火花塞裙部的工作温度取决于火花塞的热特性和气缸的工作温度。火花塞的热特性是指火花塞发火部位的热量向发动机冷却系统散发的性能。影响火花塞热特性的主要因素是火花塞裙部的长度。绝缘体裙部长的火花塞，受热面积大，传热距离长，散热困难，裙部温度高，称为热型火花塞；绝缘体裙部短的火花塞，受热面积小，传热距离短，容易散热，裙部温度低，称为冷型火花塞。热型火花塞适用于低速、低压缩比、小功率的发动机；冷型火花塞适用于高速、高压缩比、大功率的发动机。

火花塞的热特性常用热值表示。火花塞的热值通常用阿拉伯数字表示，1、2、3 为低热值火花塞，4、5、6 为中热值火花塞，7、8、9 及以上为高热值火花塞。热值数越高，表示散热性越好。因此，小数字代表热型火花塞，大数字代表冷型火花塞。

二、任务实施

火花塞的更换。

1. 项目说明

一辆东风雪铁龙轿车进厂修理，客户反映怠速不稳、加速无力，车辆在行驶过程中明显感到动力不足，经维修业务接待检查，判定该车一缸火花塞损坏，更换火花塞后，故障排除。

2. 技术标准与要求

（1）学员能在 20min 内完成此项目。

（2）技术标准。

点火线圈（在气缸盖上），拧紧力矩：5 N·m±0.5 N·m。

火花塞（在气缸上），拧紧力矩：10 N·m。

3. 设备器材

（1）东风雪铁龙爱丽舍 1.6 L 轿车（TU5JP4 发动机）。

（2）雪铁龙发动机维修专用工具、世达工具。

（3）东风雪铁龙发动机维修手册、工具车、工作台。

4. 作业准备

（1）清洁场地。

（2）常用工具、专用工具、发动机等物品的准备。

（3）记录单准备。

5. 操作步骤

（1）在点火开关切断的情况下，断开蓄电池负极电源，如图 8-12 所示。

图 8-12　断开蓄电池负极电源

（2）拆卸空气滤清器端曲轴箱空气通风软管，如图 8-13 所示。

图 8-13　拆卸通风软管

（3）旋松装饰盖板固定螺栓，取下装饰盖板，如图 8-14 和图 8-15 所示。

图 8-14　旋松固定螺栓

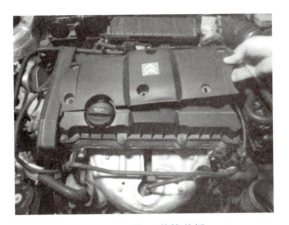

图 8-15 取下装饰盖板

(4) 拆卸曲轴箱空气通风管接头，如图 8-16 所示。

图 8-16 拆卸通风管接头

(5) 断开点火线圈卡箍，如图 8-17 所示。

图 8-17 断开点火线圈卡箍

(6) 旋松点火线圈紧固螺栓，拆下点火线圈，如图 8-18 和图 8-19 所示。

图 8-18　拆卸点火线圈紧固螺栓

图 8-19　拆下点火线圈

（7）使用火花塞套筒拆下火花塞，如图 8-20 所示。

图 8-20　拆下火花塞

（8）清洗和擦拭火花塞等零部件，按与拆卸相反的顺序进行装复，如图 8-21 所示。

图 8-21 火花塞的安装

6. 记录与分析

更换火花塞作业记录单见表 8-1。

表 8-1 更换火花塞作业记录单

姓名		班级		学号		组别	
车型		发动机型号		作业单号		作业日期	
项目				操作情况			
断开蓄电池电源							
拆卸装饰盖板							
拆卸曲轴箱空气通风软管							
断开点火线圈卡箍							
拆下点火线圈							
拆下火花塞							
清洗和擦拭火花塞等零部件							
按与拆卸相反的顺序进行装复							
结论							
建议处理意见							

参 考 文 献

[1] 王福忠. 汽车发动机构造与维修 [M]. 北京：电子工业出版社，2009.
[2] 何勇灵，徐斌. BOSCH 柴油机管理系统 [M]. 北京：北京理工大学出版社，2010.
[3] 陈文华. 汽车发动机构造与维修 [M]. 北京：人民交通出版社，2005.
[4] 冯晋祥. 汽车构造 [M]. 北京：人民交通出版社，2007.
[5] 孟庆双. 汽车发动机新结构 [M]. 北京：高等教育出版社，2006
[6] 舒华，姚国平. 汽车电器与电子技术 [M]. 北京：机械工业出版社，2006.
[7] 王文山. 柴油发动机管理系统 [M]. 北京：机械工业出版社，2009.
[8] 陈家瑞. 汽车构造 [M]. 北京：机械工业出版社，2004.
[9] 王正健. 现代汽车构造 [M]. 广州：华南理工大学出版社，2006.
[10] 魏建秋. 汽车发动机检修图解 [M]. 北京：金盾出版社，2006.
[11] 周建平. 汽车电器设备构造与维修 [M]. 北京：人民交通出版社，2005.
[12] 张西振. 汽车发动机电控技术 [M]. 北京：机械工业出版社，2008.
[13] 董辉. 汽车用传感器 [M]. 北京：北京理工大学出版社，2008.

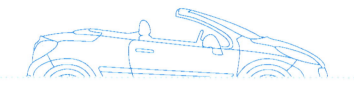

学习评价 1　汽车发动机常用工量具识别 ········· 001
 一、理论考核 ········· 001
 二、技能考核 ········· 003

学习评价 2　发动机总体构造认识与工作原理 ········· 004
 一、理论考核 ········· 004
 二、技能考核 ········· 006

学习评价 3　曲柄连杆机构结构与拆装 ········· 007
 一、理论考核 ········· 007
 二、技能考核 ········· 009

学习评价 4　配气机构结构与拆装 ········· 012
 一、理论考核 ········· 012
 二、技能考核 ········· 014

学习评价 5　冷却系统结构与拆装 ········· 016
 一、理论考核 ········· 016
 二、技能考核 ········· 018

学习评价 6　润滑系统结构与拆装 ········· 020
 一、理论考核 ········· 020
 二、技能考核 ········· 022

学习评价 7　汽油机燃料供给系统结构与拆装 ········· 024
 一、理论考核 ········· 024
 二、技能考核 ········· 027

学习评价 8　点火系统结构与拆装 ········· 030
 一、理论考核 ········· 030
 二、技能考核 ········· 032

学习评价 1　汽车发动机常用工量具识别

一、理论考核

1. 选择题

（1）下列关于维修操作说法错误的是（　　）。
　　A. 拧紧螺栓或螺母不宜使用活动扳手
　　B. 拆下螺栓或螺钉后正确的做法是立即用手将螺栓或螺钉装回原螺孔中一定深度
　　C. 为避免气动或电动工具对手造成冲击伤害，可将橡胶套安装在工具手柄上，这样能够减少冲击
　　D. 对铝制零部件应使用黄铜棒敲击

（2）拆卸螺栓时应尽量不使用的工具是（　　）。
　　A. 套筒　　　　B. 活动扳手　　　　C. 开口扳手　　　　D. 梅花扳手

（3）对使用力矩扳手说法正确的是（　　）。
　　A. 力矩扳手由于力臂较长，故可用于拆卸较紧的螺母或螺栓
　　B. 每次使用完后不要调整扳手力矩，应减少调整次数以延长力矩扳手的使用寿命
　　C. 当对塑性螺栓进行拧紧时，使用力矩扳手与角度盘的配合来拧紧螺栓
　　D. 对较小的螺栓拧紧时，可以不使用力矩扳手校核力矩

（4）外径千分尺又称螺旋测微器，是一种精度要求较高的精密量具，其测量精度可达到（　　）。
　　A. 0.01 mm　　　B. 0.1 mm　　　C. 0.02 mm　　　D. 0.001 mm

（5）测量活塞环端隙应采用的量具是（　　）。
　　A. 千分尺　　　B. 百分表　　　C. 塞尺　　　D. 塑料间隙规

（6）测量发动机曲轴的弯曲量应采用的量具是（　　）。
　　A. 千分尺　　　B. 塑料间隙规　　　C. 塞尺　　　D. 百分表

（7）在进行测量前，（　　）需要设定基本尺寸。
　　A. 游标卡尺　　　B. 千分表　　　C. 表盘式量缸表　　　D. 千分尺

（8）万用表在（　　）挡位时，其内阻阻值最小。
　　A. 电阻　　　B. 二极管　　　C. 直流电压　　　D. 直流电流

（9）关于在车间搬运重物说法错误的是（　　）。
　　A. 举起重物时，脚要站稳以便安全抓起物体
　　B. 在搬运重物时应将物体靠近身体以减少疲劳

  C. 搬运重物时身体不能扭曲，转向时应转动脚跟

  D. 采用拉而不是推的方式移动重物

（10）下列对于车间维修工作说法错误的是（　　）。

  A. 如果用空气喷嘴干燥或清洁零件，勿将气流对准周围的人

  B. 当维修人员眼内混入了液体或化学物质时应立即用水持续冲洗，并向专业医务人员寻求帮助

  C. 要把危险的工作区隔离开来，以防止参观者随意进入

  D. 可以在扳手或套筒把手上使用锤子敲击来拆卸螺栓

2. 判断题

（1）在维修车辆时，维修人员戴上专用防护手套的主要目的是保持手的清洁。（　　）

（2）拆装总成、零部件连接螺栓时，应使用合适工具，不允许用錾子剔打或电、气焊切割，也不允许用活扳手代替锤子敲打。若必须用锤子击打，则应垫以软金属冲棒或衬板，以防损伤零件或基体。（　　）

（3）拆卸较大尺寸规格的螺栓时应优先使用活扳手。（　　）

（4）在套筒扳手不适用的地方应使用开口扳手来松动或紧固螺栓或螺母。（　　）

（5）在拆卸螺栓时，为了更好地控制和安全起见，使用扳手时应尽量朝自己身体外推动。（　　）

（6）在扳手或棘轮手柄上可以使用加长套管或其他类型的"加长手柄"。（　　）

（7）拆装火花塞应用梅花扳手。（　　）

（8）用量缸表测量缸径，稍稍摆动量缸表，当指针指示到最小数值时，即表明测量杆已垂直于气缸轴线。（　　）

（9）使用外径千分尺测量，当测微螺杆快靠近被测物体时应停止转动活动套管，而改用棘轮定位器旋钮使测微螺杆与被测物体接触，直到听到"咔咔"声为止，以避免产生过大的压力。（　　）

（10）百分表作为精密量具，在测量时能直接读出被测工件的实际尺寸大小。（　　）

3. 简答题

（1）选用扳手的优先顺序是什么？

（2）汽车拆装的基本原则是什么？

（3）说明千分尺的使用方法。

（4）说明游标卡尺的使用方法。

（5）说明万用表的使用方法及注意事项。

二、技能考核

规范使用常用工量具的考核标准见学习评价表 1-1。

学习评价表 1-1　规范使用常用工量具的考核标准

基本信息	姓名		学号		班级		组别	
	规定时间	5min	完成时间		考核日期		总评成绩	

	序号	步骤	完成情况		标准分	评分
			完成	未完成		
任务工单	1	考核准备 材料； 工具； 设备			10	
	2	正确识别螺栓型号			20	
	3	选择合适的工具			20	
	4	规范使用工具			20	
	5	清洁及整理			5	
安全					5	
5S					5	
团队协作					5	
沟通表达					5	
工单填写					5	
合计					100	

学习评价 2　发动机总体构造认识与工作原理

一、理论考核

1. 单项选择题

（1）上止点是指活塞离曲轴回转中心（　　）处。
　　A. 最远　　　　　B. 最近　　　　　C. 最高　　　　　D. 最低
（2）下止点是指活塞离曲轴回转中心（　　）处。
　　A. 最远　　　　　B. 最近　　　　　C. 最高　　　　　D. 最低
（3）某发动机活塞行程为 80 mm，其曲轴的曲柄半径为（　　）。
　　A. 20 mm　　　　B. 40 mm　　　　C. 80 mm　　　　D. 160 mm。
（4）气缸总容积等于气缸工作容积与燃烧室容积（　　）。
　　A. 之差　　　　　B. 之和　　　　　C. 乘积　　　　　D. 之比
（5）压缩比是指气缸（　　）容积与（　　）容积的比值。
　　A. 工作，燃烧室　B. 总，燃烧室　　C. 总，工作　　　D. 燃烧室，工作
（6）四冲程发动机在进行压缩行程时，进气门（　　）、排气门（　　）。
　　A. 开，开　　　　B. 开，关　　　　C. 关，开　　　　D. 关，关
（7）四冲程柴油发动机在进行进气行程时，进入气缸的是（　　）。
　　A. 纯空气　　　　B. 氧气　　　　　C. 可燃混合气　　D. 纯燃料
（8）四冲程发动机一个工作循环，曲轴共旋转（　　）。
　　A. 四周　　　　　B. 三周　　　　　C. 二周　　　　　D. 一周
（9）活塞在上止点时，活塞顶部以上空间的容积称为（　　）。
　　A. 气缸总容积　　B. 气缸工作容积　C. 燃烧室容积
（10）将静止的发动机起动并转入自行运转状态的系统称为（　　）。
　　A. 点火系统　　　B. 润滑系统　　　C. 起动系统

2. 多项选择题

（1）汽车发动机所使用的燃料包括（　　）。
　　A. 汽油　　　　　B. 柴油　　　　　C. CNG　　　　　D. LPG
（2）下列可作为发动机分类方式的是（　　）。
　　A. 燃料类型　　　B. 点火方式　　　C. 冷却方式　　　D. 气缸布置形式

（3）下列关于压缩比的叙述正确的是（　　）。
  A. 与选择汽油标号有关　　　　　　B. 汽油机的压缩比比柴油机的大
  C. 汽油机的压缩比一般为 8～10　　D. 柴油机的压缩比一般为 15～22
（4）下列是润滑系统的作用的是（　　）。
  A. 润滑　　　　B. 冷却　　　　C. 清洗　　　　D. 密封
（5）汽车主要由（　　）组成。
  A. 发动机　　　B. 底盘　　　　C. 车身　　　　D. 电器

3. 判断题

（1）凡活塞往复四个行程完成一个工作循环的称为四冲程发动机。（　　）
（2）柴油机着火延迟期的长短，主要取决于喷油时气缸内的压力。（　　）
（3）汽油直接喷射式汽油机混合气的形成是在进气管或气缸中进行的。（　　）
（4）汽油机的火花塞点火能否成功，与火花点火放出的热量大小及混合气的浓度无关。
  （　　）
（5）由于受空气滤清器、进气管道、进气门等阻力的影响，使之在进气终了时，气缸内气体压力略高于大气压力。（　　）
（6）活塞行程是指上、下两止点间的距离。（　　）
（7）发动机排量是指所有气缸工作容积的总和。（　　）
（8）四冲程柴油机在进气行程时，进入气缸的是可燃混合气。（　　）
（9）汽油机的组成部分包括点火系统，而柴油机没有点火系统。（　　）
（10）柴油机 6135Q 表示该发动机是六缸、四冲程、气缸直径 135mm、风冷、汽车用柴油机。（　　）

4. 问答题

（1）发动机是如何进行分类的？

（2）发动机主要由哪几部分组成？各有什么作用？

（3）什么是发动机的工作循环？一个工作循环包括几个过程？

（4）我国发动机的编号规则由哪几部分组成？各部分代表的含义是什么？

（5）汽油机的燃烧特点是什么？其燃烧过程包括几个阶段？

二、技能考核

发动机总成拆卸项目评分见学习评价表2-1。

学习评价表2-1　发动机总成拆卸项目评分

基本信息	姓名		学号		班级		组别	
	规定时间		完成时间		考核日期		总评成绩	
任务工单	序号	步骤	完成情况		标准分	评分		
			完成	未完成				
	1	考核准备：车辆、工具及维修资料			5			
	2	驾驶室内和汽车前部防护			5			
	3	关闭点火开关，拆卸蓄电池负极线及周围连接			10			
	4	排出冷却液及各处水管的连接			10			
	5	各通气管、助力油管、燃油管、线束插头的拆卸			10			
	6	发动机下支撑及催化器和前排气管的拆卸			10			
	7	用吊杆悬挂发动机			5			
	8	拆除发动机左、右支架			5			
	9	拆卸发动机总成			5			
	10	工艺路线合理、方法正确			5			
	11	清洁及整理			5			
安全					5			
5S					5			
团队协作					5			
沟通表达					5			
工单填写					5			
合计							100	

学习评价 3　曲柄连杆机构结构与拆装

一、理论考核

1. 单项选择题

（1）活塞的最大磨损部位一般是（　　）。
　　A. 头部　　　　B. 裙部　　　　C. 顶部　　　　D. 环槽

（2）同一台发动机必须选用同一厂牌活塞的原因是要保证（　　）。
　　A. 相同的修理尺寸　　　　　　B. 相同的组别
　　C. 相同的尺寸和形位误差　　　D. 相同的膨胀系数

（3）为了减轻磨损，通常对（　　）进行镀铬。
　　A. 第一道环　　B. 所有气环　　C. 油环　　　　D. 气环和油环

（4）为了保护活塞裙部表面，加速磨合，在活塞裙部较多采用的措施是（　　）。
　　A. 涂润滑　　　B. 喷油润滑　　C. 镀锡　　　　D. 镀铬

（5）曲轴主轴颈和连杆轴颈的修理尺寸是根据轴颈中的（　　）磨损轴颈确定的。
　　A. 最小的　　　B. 最大的　　　C. 第一道　　　D. 最后一道

（6）曲轴上的平衡重一般设在（　　）。
　　A. 曲轴前端　　　　　　　　　B. 曲轴后端
　　C. 曲柄上　　　　　　　　　　D. 连杆上

（7）曲轴轴向定位点采用的是（　　）。
　　A. 一点定位　　　　　　　　　B. 二点定位
　　C. 三点定位　　　　　　　　　D. 四点定位

（8）中小型发动机常用的曲轴箱大多为（　　）。
　　A. 一般式　　　B. 龙门式　　　C. 隧道式　　　D. 直列式

（9）汽油机活塞裙部的膨胀槽一般开在工作行程（　　）的对面。
　　A. 受离心力较大处　　　　　　B. 受离心力较小处
　　C. 受侧向力较大处　　　　　　D. 受侧向力较小处

（10）做功顺序为 1-2-3-4-5-6、气缸夹角为 60°的 V 型 6 缸发动机，当第 4 缸活塞位于排气行程上止点时，第 2 缸活塞位于（　　）。
　　A. 排气行程 1/3 处　　　　　　B. 进气行程上止点处
　　C. 做功行程 2/3 处　　　　　　D. 压缩行程 1/3 处

2. 多项选择题

（1）曲柄连杆机构的工作条件为（　　）。
　　A. 高温　　　　B. 高压　　　　C. 高速　　　　D. 化学腐蚀

（2）下列属于气缸体与曲轴箱组的组成部分的是（　　）。
　　A. 气缸体　　　B. 气缸盖　　　C. 平衡轴　　　D. 油底壳

（3）下列属于活塞连杆组的组成部分的是（　　）。
　　A. 活塞　　　　B. 活塞环　　　C. 活塞销　　　D. 连杆

（4）下列属于曲轴飞轮组的组成部分的是（　　）。
　　A. 曲轴　　　　B. 曲轴箱　　　C. 飞轮　　　　D. 平衡轴

（5）根据具体的结构形式，气缸体可以分为（　　）。
　　A. 整体式　　　B. 一般式　　　C. 龙门式　　　D. 隧道式

（6）下列可以导致活塞工作时变形的是（　　）。
　　A. 热膨胀　　　　　　　　　　B. 侧压力
　　C. 气体压力　　　　　　　　　D. 摩擦力

（7）汽油机常用的燃烧室形状有（　　）。
　　A. 楔形　　　　B. 盆形　　　　C. 半球形　　　D. 花瓣形

（8）为使活塞在各种工况下均能与气缸壁间保持合理的密封和运动间隙，制造活塞时通常（　　）。
　　A. 预先做成阶梯形、锥形　　　B. 预先做成椭圆形
　　C. 活塞裙部开槽　　　　　　　D. 采用双金属活塞

（9）气环的主要作用有（　　）。
　　A. 密封　　　　B. 导热　　　　C. 刮油　　　　D. 布油

（10）活塞环的间隙检查项目包括（　　）。
　　A. 边隙　　　　B. 端隙　　　　C. 侧隙　　　　D. 背隙

3. 判断题

（1）铝合金气缸盖装配时，在冷态下一次拧紧即可。（　　）
（2）安装正时皮带时应注意左右方向转动曲轴，使正时记号对准。（　　）
（3）活塞裙部膨胀槽一般开在受侧压力较大的一面。（　　）
（4）各种形式曲轴的曲拐数都与气缸数相同。（　　）
（5）为了气缸的密封，不论是干式缸套还是湿式缸套，在压入气缸体以后，都应使气缸套顶面与气缸体上平面平齐。（　　）
（6）连杆杆身采用工字形断面主要是为了减轻质量，以减小惯性力。（　　）
（7）活塞与气缸壁间隙过大易出现"拉缸"。（　　）
（8）曲轴上回油螺纹的旋向取决于发动机的转向。（　　）
（9）活塞在气缸内做匀速运动。（　　）
（10）曲轴旋转中心到曲柄销中心之间的距离称为曲柄半径，通常曲柄半径等于活塞的行程。（　　）

4. 问答题

（1）简述曲柄连杆机构的组成及功用。

（2）简述活塞连杆组的主要机件组成。

（3）简述气环的密封原理。

（4）简述曲轴飞轮组的拆装步骤。

（5）简述活塞连杆组的拆装步骤。

二、技能考核

拆装曲轴飞轮组项目评分见学习评价表 3-1。

学习评价表 3-1　拆装曲轴飞轮组项目评分

基本信息	姓名		学号		班级		组别	
	规定时间		完成时间		考核日期		总评成绩	

	序号	步骤	完成情况		标准分	评分
			完成	未完成		
任务工单	1	考核准备： 发动机； 工具及维修资料			5	
	2	拆卸飞轮、曲轴前后油封支撑板			5	
	3	拆卸油泵驱动齿轮和链条			5	
	4	拆卸曲轴轴承盖			5	
	5	拆卸曲轴，拆卸轴瓦			5	
	6	清洗和擦拭零件，并摆放整齐			5	

续表

基本信息	姓名		学号		班级		组别	
	规定时间		完成时间		考核日期		总评成绩	

	序号	步骤	完成情况		标准分	评分
			完成	未完成		
任务工单	7	安装并润滑气缸体上的轴瓦			10	
	8	安装曲轴、止推片,安装轴承盖			10	
	9	安装半圆键、油泵驱动齿轮和链条			10	
	10	安装曲轴前后油封、支撑板及飞轮			10	
	11	项目齐全、方法正确			5	
	12	清洁及整理			5	
安全					5	
5S					5	
沟通表达					5	
工单填写					5	
合计					100	

拆装活塞连杆组项目评分见学习评价表 3-2。

学习评价表 3-2　拆装活塞连杆组项目评分

基本信息	姓名		学号		班级		组别	
	规定时间		完成时间		考核日期		总评成绩	

	序号	步骤	完成情况		标准分	评分
			完成	未完成		
任务工单	1	考核准备: 发动机; 工具及维修资料			5	
	2	旋松连杆轴承盖上的螺栓			5	
	3	取下各缸活塞连杆			5	
	4	用活塞环拆装钳拆下两道气环			5	
	5	拆卸油环,将活塞销和连杆分开			5	
	6	清洗和擦拭零件,摆放整齐,准备装配			5	
	7	将活塞销装入活塞和连杆			10	
	8	安装油环,用活塞环拆装钳安装两道气环			10	
	9	将活塞环夹将活塞连安装到相应的缸体中			10	

续表

基本信息	姓名		学号		班级		组别	
	规定时间		完成时间		考核日期		总评成绩	
任务工单	序号	步骤		完成情况		标准分	评分	
				完成	未完成			
	10	安装连杆轴承、轴承盖，拧紧连杆螺母				10		
	11	项目齐全、方法正确				5		
	12	清洁及整理				5		
安全						5		
5S						5		
沟通表达						5		
工单填写						5		
合计						100		

学习评价 4　配气机构结构与拆装

一、理论考核

1. 单项选择题

（1）使用液压挺柱，当气门受热膨胀时，（　　）的油向（　　）泄漏一部分，从而使挺柱（　　）。

　　A. 高压油腔，低压油腔，伸长　　　B. 高压油腔，低压油腔，缩短
　　C. 低压油腔，高压油腔，伸长　　　D. 低压油腔，高压油腔，缩短

（2）当发动机某个气缸的进、排气门均处于微开状态时，说明该气缸的活塞处于（　　）。

　　A. 压缩行程上止点附近　　　　　　B. 做功行程下止点附近
　　C. 排气行程上止点附近　　　　　　D. 进气行程下止点附近

（3）做功顺序为 1-3-4-2 的发动机，在第 3 缸活塞压缩上止点时，可以检查调整（　　）的气门间隙。

　　A. 3 缸的进、排气门及 4、2 缸的进气门
　　B. 1、4 缸的进气门和 2 缸的排气门
　　C. 1 缸的进气门及 3 缸的进、排气门和 4 缸的排气门
　　D. 1 缸的进气门及 4 缸的排气门和 2 缸的进气门

（4）下述各零件不属于气门组的是（　　）。

　　A. 气门弹簧　　B. 气门　　C. 气门弹簧座　　D. 凸轮轴

（5）配气相位角包括（　　）。

　　①进气提前角　②进气滞后角　③排气提前角　④排气滞后角　⑤气门叠开角

　　A. ①②③　　B. ①②③⑤　　C. ①②③④　　D. ①②③④⑤

（6）在气门传动中，（　　）把旋转运动转变为往复运动。

　　A. 偏心轮　　B. 凸轮　　C. 轴套　　D. 心轴

（7）进、排气门重叠角为（　　）。

　　A. 进气提前角与排气迟后角之和　　B. 进气迟后角与排气迟后角之和
　　C. 进气提前角与排气提前角之和　　D. 进气迟后角与排气提前角之和

（8）下述各零件不属于气门传动组的是（　　）。

　　A. 气门导管　　B. 挺柱　　C. 摇臂轴　　D. 凸轮轴

（9）在排气上止点时，（　　）。

    A. 进气门开、排气门关　　　　　　B. 排气门开、进气门关
    C. 进、排气门全关　　　　　　　　D. 进、排气门叠开
（10）双凸轮轴结构不可能出现在（　　）中。
    A. V型发动机　　　　　　　　　　B. 4气门配齐方式
    C. 侧置气门方式　　　　　　　　　D. 齿形带传动方式

2. 判断题

（1）安装气门时，用气门拆装钳压下气门弹簧，装上气门锁片，然后慢慢松开气门拆装钳。（　　）
（2）发动机在排气行程结束时，气缸内压力小于外界大气压。（　　）
（3）进气门迟后角随着发动机转速上升应加大。（　　）
（4）在采用气门摇臂的配气机构中，进气门的气门间隙与排气门的气门间隙一样大。（　　）
（5）气门座磨损会导致气门间隙变小。（　　）
（6）气门间隙过大、过小会影响发动机配气相位的变化。（　　）
（7）采用液压挺柱的发动机不需要调节气门间隙。（　　）
（8）上置凸轮轴式配气机构适用于高速发动机。（　　）
（9）非增压发动机在进气冲程结束时气缸内压力小于外界大气压。（　　）
（10）采用双气门弹簧的目的是增加气门弹簧的弹力。（　　）

3. 问答题

（1）为什么要有气门间隙？气门间隙过大或过小有何危害？

（2）为什么进、排气门要提前开启和延迟关闭？

（3）配气机构凸轮轴的驱动形式有哪几种？

（4）东风雪铁龙TU5JP4发动机正时皮带是如何安装的？

（5）液压挺柱是如何保证气门无间隙驱动的？

二、技能考核

拆装气门传动组项目评分见学习评价表 4-1。

学习评价表 4-1　拆装气门传动组项目评分

<table>
<tr><td rowspan="2">基本信息</td><td>姓名</td><td></td><td>学号</td><td></td><td colspan="2">班级</td><td></td><td>组别</td><td></td></tr>
<tr><td>规定时间</td><td></td><td>完成时间</td><td></td><td colspan="2">考核日期</td><td></td><td>总评成绩</td><td></td></tr>
<tr><td rowspan="17">任务工单</td><td rowspan="2">序号</td><td rowspan="2" colspan="3">步骤</td><td colspan="2">完成情况</td><td rowspan="2" colspan="2">标准分</td><td rowspan="2" colspan="2">评分</td></tr>
<tr><td>完成</td><td>未完成</td></tr>
<tr><td>1</td><td colspan="3">考核准备：
车辆；
工、量具及维修资料</td><td></td><td></td><td colspan="2">5</td><td colspan="2"></td></tr>
<tr><td>2</td><td colspan="3">防护用具</td><td></td><td></td><td colspan="2">5</td><td colspan="2"></td></tr>
<tr><td>3</td><td colspan="3">定位销的安装</td><td></td><td></td><td colspan="2">5</td><td colspan="2"></td></tr>
<tr><td>4</td><td colspan="3">张紧轮固定销的安装</td><td></td><td></td><td colspan="2">5</td><td colspan="2"></td></tr>
<tr><td>5</td><td colspan="3">凸轮轴正时齿轮的拆卸</td><td></td><td></td><td colspan="2">5</td><td colspan="2"></td></tr>
<tr><td>6</td><td colspan="3">凸轮轴轴承盖螺栓、缸盖螺栓的拆卸顺序</td><td></td><td></td><td colspan="2">10</td><td colspan="2"></td></tr>
<tr><td>7</td><td colspan="3">液压挺柱的更换</td><td></td><td></td><td colspan="2">5</td><td colspan="2"></td></tr>
<tr><td>8</td><td colspan="3">凸轮轴正时齿轮紧固螺栓的拧紧</td><td></td><td></td><td colspan="2">5</td><td colspan="2"></td></tr>
<tr><td>9</td><td colspan="3">凸轮轴轴承盖螺栓的拧紧</td><td></td><td></td><td colspan="2">5</td><td colspan="2"></td></tr>
<tr><td>10</td><td colspan="3">缸盖螺栓的拧紧</td><td></td><td></td><td colspan="2">5</td><td colspan="2"></td></tr>
<tr><td>11</td><td colspan="3">正时皮带的安装</td><td></td><td></td><td colspan="2">5</td><td colspan="2"></td></tr>
<tr><td>12</td><td colspan="3">张紧轮的调整及紧固螺栓的拧紧</td><td></td><td></td><td colspan="2">5</td><td colspan="2"></td></tr>
<tr><td>13</td><td colspan="3">拆装顺序合理，工具使用正确、熟练</td><td></td><td></td><td colspan="2">5</td><td colspan="2"></td></tr>
<tr><td>14</td><td colspan="3">项目检查齐全、方法正确</td><td></td><td></td><td colspan="2">5</td><td colspan="2"></td></tr>
<tr><td>15</td><td colspan="3">清洁及整理</td><td></td><td></td><td colspan="2">5</td><td colspan="2"></td></tr>
<tr><td colspan="2">安全</td><td colspan="6"></td><td colspan="2">5</td><td colspan="2"></td></tr>
<tr><td colspan="2">5S</td><td colspan="6"></td><td colspan="2">5</td><td colspan="2"></td></tr>
<tr><td colspan="2">沟通表达</td><td colspan="6"></td><td colspan="2">5</td><td colspan="2"></td></tr>
<tr><td colspan="2">工单填写</td><td colspan="6"></td><td colspan="2">5</td><td colspan="2"></td></tr>
<tr><td colspan="8" align="center">合计</td><td colspan="2">100</td><td colspan="2"></td></tr>
</table>

拆装气门组项目评分见学习评价表 4-2。

学习评价表 4-2 拆装气门组项目评分

基本信息	姓名		学号		班级		组别	
	规定时间	5 min	完成时间		考核日期		总评成绩	
任务工单	序号	步骤		完成情况		标准分	评分	
				完成	未完成			
	1	考核准备：车辆；工具、量具及维修资料				5		
	2	防护用具				5		
	3	液压挺柱的拆卸				5		
	4	气门提取器的使用				5		
	5	气门的拆卸				10		
	6	气门组的清洁和检查				5		
	7	气门杆密封圈的拆卸				5		
	8	气门杆密封圈的安装				10		
	9	气门的安装				10		
	10	液压挺柱的安装				5		
	11	拆装顺序合理，工具使用正确、熟练				5		
	12	项目检查齐全、方法正确				5		
	13	清洁及整理				5		
安全						5		
5S						5		
沟通表达						5		
工单填写						5		
合计						100		

学习评价 5　冷却系统结构与拆装

一、理论考核

1. 单项选择题

（1）在水冷却系统中，冷却水的循环路线由（　　）控制。
　　A. 风扇　　　　　　　　　　B. 百叶窗
　　C. 节温器　　　　　　　　　D. 分水管

（2）制造散热器芯的材料多为（　　）。
　　A. 铝　　　　　　　　　　　B. 铁
　　C. 铅　　　　　　　　　　　D. 铜

（3）多缸发动机为使各缸工作温度均匀，分水管上的孔（　　）。
　　A. 前大后小　　　　　　　　B. 前小后大
　　C. 两边大中间小　　　　　　D. 一样大

（4）若散热器盖上的蒸汽阀弹簧过软，会导致（　　）。
　　A. 散热器内气压过低　　　　B. 散热器芯管容易被压坏
　　C. 散热器内气压过高　　　　D. 冷却水不易沸腾

（5）为了冷起动时预热发动机进气歧管，也为了给空调系统提供热源，冷却系统设有（　　）。
　　A. 热水阀　　　　　　　　　B. 冷水阀
　　C. 节温器　　　　　　　　　D. 水管

（6）发动机散热器盖上的空气阀密封不严，会使（　　）。
　　A. 散热器内压力高于大气压
　　B. 散热器与大气相通
　　C. 散热器内压力低于大气压

（7）膨胀水箱装在散热器盖的侧上部，和散热器的水管相连，其作用是利用自身压力将冷却液中的（　　）排除。
　　A. 空气　　　　B. 水分　　　　C. 机油

（8）控制大小循环的部件是（　　）。
　　A. 水泵　　　　　　　　　　B. 风扇
　　C. 散热器　　　　　　　　　D. 节温器

（9）在发动机上若拆除原有节温器，则发动机工作时冷却水（　　）。
　　A. 只有大循环　　　　　　　　　B. 只有小循环
　　C. 大、小循环同时存在　　　　　D. 冷却水将不循环
（10）蜡式节温器中的蜡泄漏时，会使（　　）。
　　A. 水流只能进行大循环　　　　　B. 水流只能进行小循环
　　C. 大、小循环都不能进行　　　　D. 大、小循环都能进行

2. 判断题

（1）目前应用较多的温度传感器为负温度系数热敏电阻式温度传感器。（　　）
（2）风扇在工作时，风是向散热器方向吹的，以利于散热。（　　）
（3）为防止发动机过热，要求其工作温度越低越好。（　　）
（4）防冻剂可降低冷却水的冰点和沸点。（　　）
（5）为了保证风扇、水泵的转速，要求风扇带越紧越好。（　　）
（6）目前水冷发动机常用的水泵大多是离心式水泵。（　　）
（7）当冷却系统中压力过高时，散热器盖中的蒸汽阀打开，而当压力过低时，盖中的空气阀打开。（　　）
（8）风扇的主要作用是提高流经散热器芯的空气量和加速对流经散热器芯的冷却液的冷却。（　　）
（9）冷却系统中节温器泄漏后系统只进行小循环，取下节温器后系统只进行大循环。（　　）
（10）膨胀水箱的作用之一是避免冷却水的消耗，以保持冷却水的水位不变。（　　）

3. 问答题

（1）冷却系统的功用是什么？

（2）为什么要对水冷系统的冷却强度进行调节？

（3）水冷系统由哪几部分组成？各部分的功用是什么？

（4）什么是大循环和小循环？分别说明其循环路线。

（5）水冷系统冷却强度的调节方式有哪些？

（6）膨胀水箱有什么作用？使用时应注意什么？

（7）水冷系统的节温器是否可以随意摘除？为什么？

（8）若蜡式节温器中的石蜡漏失，则节温器处于何种工作状态？发动机会出现什么故障？

二、技能考核

拆装散热器项目评分见学习评价表5-1。

学习评价表5-1 拆装散热器项目评分

基本信息	姓名		学号		班级		组别	
	规定时间		完成时间		考核日期		总评成绩	
任务工单	序号	步骤		完成情况		标准分	评分
				完成	未完成		
	1	考核准备：车辆；工具及维修资料				5	
	2	车辆举升点				5	
	3	防护用具				5	
	4	冷却液液位				5	
	5	发动机下护板的拆除				5	
	6	冷却液的排空				10	
	7	散热器上部各连接管的拆除				10	
	8	取出散热器				10	
	9	冷却液的加注及排气				10	
	10	拆装步骤合理，配合熟练、默契				5	
	11	项目检查齐全、方法正确				5	
	12	清洁及整理				5	

续表

基本信息	姓名		学号		班级		组别	
	规定时间		完成时间		考核日期		总评成绩	
安全							5	
5S							5	
沟通表达							5	
工单填写							5	
合计							100	

拆装水泵项目评分见学习评价表5-2。

学习评价表5-2 拆装水泵项目评分

基本信息	姓名		学号		班级		组别	
	规定时间		完成时间		考核日期		总评成绩	
	序号	步骤		完成情况		标准分	评分
				完成	未完成		
任务工单	1	考核准备： 车辆； 工具及维修资料				5	
	2	附件皮带的拆卸				5	
	3	发动机右支架、正时齿轮室盖的拆卸				5	
	4	飞轮的定位				10	
	5	正时齿轮的定位				10	
	6	锁住张紧轮				10	
	7	用专业工具取出水泵				10	
	8	水泵上固定螺栓的拧紧				5	
	9	张紧轮固定螺栓的拧紧				5	
	10	拆装步骤合理，配合熟练、默契				5	
	11	项目检查齐全、方法正确				5	
	12	清洁及整理				5	
安全						5	
5S						5	
沟通表达						5	
工单填写						5	
合计						100	

学习评价 6　润滑系统结构与拆装

一、理论考核

1. 单项选择题

（1）拆卸螺栓时应尽量不使用的工具是（　　）。
　　A. 套筒　　　　　　　　　　　B. 活动扳手
　　C. 开口扳手　　　　　　　　　D. 梅花扳手
（2）转子式机油泵工作时（　　）。
　　A. 内、外转子转速相同　　　　B. 内、外转子转速不确定
　　C. 外转子转速低于内转子转速　D. 外转子转速高于内转子转速
（3）以下有关汽油发动机润滑系统的表述正确的是（　　）。
　　A. 机油泵由传动皮带驱动，将机油泵送至发动机的各个部分
　　B. 机油压力开关检测泵入发动机的机油速度
　　C. 机油滤清器包含一个溢流阀，可防止发动机机油因滤清器堵塞而停止流动
　　D. 机油滤油网安装在发动机机油循环通道的末端，以滤除机油中较大的杂质
（4）机油泵常用的形式有（　　）。
　　A. 齿轮式与膜片式　　　　　　B. 转子式与活塞式
　　C. 转子式与齿轮式　　　　　　D. 柱塞式与膜片式
（5）下列不属于润滑系统构件的是（　　）。
　　A. 机油泵　　　　　　　　　　B. 滤清器
　　C. 节温器　　　　　　　　　　D. 散热器
（6）发动机活塞、气缸壁和活塞销等的工作表面一般采用（　　）润滑方式。
　　A. 重力　　　　　　　　　　　B. 压力
　　C. 飞溅　　　　　　　　　　　D. 燃烧
（7）发动机润滑系统中，润滑油的主要流向是（　　）。
　　A. 机油集滤器→粗滤器→机油泵→主油道→油底壳
　　B. 机油集滤器→机油泵→细滤器→主油道→油底壳
　　C. 机油集滤器→机油泵→粗滤器→主油道→油底壳
　　D. 机油集滤器→机油泵→粗滤器→细滤器→主油道→油底壳
（8）许多发动机的连杆小头及其衬套上有一小孔，其作用是（　　）。

A. 让机油喷出冷却活塞　　　　　　B. 让机油进入润滑活塞销
C. 让机油喷出润滑气缸壁　　　　　D. 防止衬套在工作中转动

（9）正常工作的发动机，其机油泵的限压阀应该是（　　）。
A. 热机时关、冷机时开　　　　　　B. 经常处于溢流状态
C. 经常处于关闭状态　　　　　　　D. 热机时开、冷机时关

2. 判断题

（1）发动机润滑系统中旁通阀的作用是在机油粗滤器堵塞时开启，使机油通过，以确保发动机各部分的正常润滑。（　　）
（2）更换发动机机油时应同时更换或清洗机油滤清器。（　　）
（3）润滑系统中机油压力随着温度的升高而降低。（　　）
（4）润滑系统主油道中压力越高越好。（　　）
（5）发动机机油的更换时间是由时间和行驶里程决定的。（　　）
（6）汽油机润滑油不能用于柴油机。（　　）
（7）废油应倒入指定废油桶收集，然后倒入排水沟内，防止废油污染。（　　）
（8）润滑油道中的机油压力不能过高，所以在润滑油路中用旁通阀来限制油压。（　　）
（9）为既保证各润滑部位的润滑要求，又减少机油泵的功率消耗，机油泵实际供油量一般应与润滑系统需要的循环油量相等。（　　）
（10）在向发动机中添加机油时，机油越多越好。（　　）

3. 问答题

（1）简述机油、机油滤清器的更换步骤及注意事项。

（2）简述机油泵的更换步骤及注意事项。

（3）润滑系统的功用有哪些？

（4）润滑系统主要由哪几部分组成？

二、技能考核

拆装滤清器项目评分见学习评价表6-1。

学习评价表6-1　拆装滤清器项目评分

基本信息	姓名		学号		班级		组别	
	规定时间	5 min	完成时间		考核日期		总评成绩	
任务工单	序号	步骤		完成情况		标准分	评分	
				完成	未完成			
	1	考核准备： 车辆； 工具、量具及维修资料				5		
	2	防护用具				5		
	3	机油更换前的液位检查				5		
	4	黏度、污染及杂质				5		
	5	车辆举升点				5		
	6	发动机各结合表面的漏油情况				5		
	7	机油滤清器的安装表面				5		
	8	机油滤清器壳的拧紧				10		
	9	油底壳放油螺栓的拧紧				10		
	10	添加机油后的液面检查				5		
	11	添加机油后各接合面的漏油检查				5		
	12	拆装顺序合理，工具使用正确、熟练				5		
	13	项目检查齐全、方法正确				5		
	14	清洁及整理				5		
安全						5		
5S						5		
沟通表达						5		
工单填写						5		
合计						100		

拆装机油泵项目评分见学习评价表 6-2。

学习评价表 6-2 拆装机油泵项目评分

基本信息	姓名		学号		班级		组别	
	规定时间	5 min	完成时间		考核日期		总评成绩	

	序号	步骤	完成情况		标准分	评分
			完成	未完成		
任务工单	1	考核准备： 车辆； 工具、量具及维修资料			5	
	2	防护用具			5	
	3	机油排放前对机油的检查			2.5	
	4	车辆举升点			2.5	
	5	发动机的拆卸和安装			5	
	6	正时皮带的拆卸和安装			5	
	7	机油泵的安装和紧固螺栓的拧紧			10	
	8	曲轴前端盖的安装和螺栓的拧紧			10	
	9	油底壳紧固螺栓的拧紧			5	
	10	油底壳放油螺栓的拧紧			5	
	11	机油滤清器壳的安装与拧紧			5	
	12	添加机油后的液面检查			5	
	13	添加机油后各接合面的漏油检查			5	
	14	拆装顺序合理，工具使用正确、熟练			5	
	15	项目检查齐全、方法正确			2.5	
	16	清洁及整理			2.5	
安全					5	
5S					5	
沟通表达					5	
工单填写					5	
合计					100	

学习评价7 汽油机燃料供给系统结构与拆装

一、理论考核

1. 单项选择题

（1）汽油发动机在中等负荷工况时，过量空气系数α值应为（　　）。
　　A. 0.6~0.8　　B. 0.9~1.1　　C. 0.8~0.9　　D. 1.1~1.2

（2）汽油机过量空气系数在1.05~1.15范围内的可燃混合气叫作（　　）。
　　A. 功率混合气　　B. 经济混合气　　C. 过稀混合气　　D. 过浓混合气

（3）发动机进气增压中冷就是将空气预先压缩，再经（　　）后供入气缸，以提高进气密度、增加充气量的一项技术。
　　A. 加热　　B. 加压　　C. 保温　　D. 冷却

（4）电子控制汽油机采用（　　）进气歧管，并将进气歧管设计成具有较大的弧度，以充分利用气流惯性效应增加充气量。
　　A. 不等长　　B. 较长　　C. 较短　　D. 长短任意

（5）下列空气滤清器已逐渐被淘汰的是（　　）。
　　A. 湿式纸质空气滤清器　　B. 干式纸质空气滤清器
　　C. 双级复合式空气滤清器　　D. 都在大量使用

（6）以下传感器除（　　）外均采用5V电源。
　　A. 节气门位置传感器　　B. 氧传感器
　　C. 水温传感器　　D. 进气管压力传感器

（7）发动机空气质量传感器安装在（　　）。
　　A. 节气门前方　　B. 节气门后方　　C. 排气歧管上　　D. 排气管上

（8）下列传感器中属于空气质量流量传感器的是（　　）。
　　A. 叶片式空气流量传感器　　B. 卡门旋涡传感器
　　C. 热膜式空气流量传感器　　D. 以上都不是

（9）汽油发动机的基本喷油量主要根据下列哪些信号确定（　　）。
　　① 曲轴转速传感器　② 空气流量计　③ 氧传感器　④ 冷却液温度传感器
　　A. ①②　　B. ③④　　C. ①②③　　D. ①②③④

（10）电控汽油喷射发动机喷油器喷油量由（　　）决定。

A. 喷油时间　　　B. 进气管真空　　　C. 系统油压　　　D. 驱动电压或电流

（11）顺序喷射式电控燃油喷射式汽油机中，喷油器在（　　）行程将近结束时向进气歧管内喷油。

A. 进气　　　B. 压缩　　　C. 做功　　　D. 排气

（12）下列会导致发动机怠速不稳的是（　　）。

A. 轮速传感器有故障　　　B. 节气门位置传感器有故障
C. 车速传感器有故障　　　D. 凸轮轴位置传感器插头脱落

（13）在讨论闭环控制时，甲同学说空燃比控制的闭环元件是氧传感器，乙同学说点火系统控制的闭环元件是爆燃传感器，其中说法正确的是（　　）。

A. 甲　　　B. 乙　　　C. 两人说的都对　　　D. 两人说的都不对

（14）二次空气喷射系统可以减少排气中 HC 和（　　）的排放量。

A. CO　　　B. NO　　　C. H_2O　　　D. NO_x

（15）当发动机中的混合气充分燃烧时，排气中 CO_2 的浓度将达到峰值，不管是否装有三元催化转换器，峰值均为（　　）

A. 1%～2%　　　B. 8%～9%　　　C. 13%～16%　　　D. 18%～20%

（16）用红外测温仪测量三元催化转换器前、后排气管的温度，在三元催化转换器正常工作时，下面叙述正确的是（　　）。

A. 前端和后端温度几乎不变　　　B. 前端温度应比后端温度至少高出 38℃
C. 中间温度比两端温度高　　　D. 后端温度应比前端温度至少高出 38℃

（17）现在汽油车尾气净化主要是靠（　　）实现的。

A. 消声器　　　B. 排气管　　　C. 三元催化转换器　　　D. 废气再循环

（18）采用三元催化转换器进行排气净化的车上，排气系统中除了安装三元催化转换器外还需有（　　）。

A. 爆燃传感器　　　B. 消声器　　　C. 排气温度传感器　　　D. 氧传感器

2. 判断题

（1）空气质量与燃油质量之比，称为过量空气系数。　　　（　　）
（2）怠速时，气缸内真空度较高，燃油容易雾化，故只需稍稀的混合气。　　　（　　）
（3）空气滤清器不清洁，易造成混合气过浓。　　　（　　）
（4）发动机进气温度越高，汽油雾化效果越好，发动机功率就越大。　　　（　　）
（5）对于电喷发动机，清洗节气门不会导致发动机怠速不稳。　　　（　　）
（6）进行气缸压力检测时，除要用压缩空气清洁所有火花塞的四周，还要拆除所有的火花塞。　　　（　　）
（7）燃油系统油压过高会导致发动机排放超标。　　　（　　）
（8）对于有回油管路的燃油系统，燃油压力调节器的作用是使燃油分配管内压力保持不变，并使其不受节气门开度的影响。　　　（　　）
（9）电喷发动机的燃油泵出油阀密封不严会造成燃油压力不足。　　　（　　）
（10）无回油管的燃油系统在任何工况下的燃油压力均应保持不变。　　　（　　）
（11）电流驱动型脉冲开始时是一个较小的电流，使电磁线圈产生较大的吸力，以打开

针阀，然后再用较大的电流保持针阀的开启。（　　）

（12）使用电子节气门体的车辆一旦系统出现故障，发动机只能在备用模式下以固定转速工作，不能通过加速踏板实现加速和减速。（　　）

（13）进气压力传感器有故障不会导致发动机排放超标。（　　）

（14）氧传感器有故障不会导致发动机排放超标。（　　）

（15）虽然增压器能提高发动机的充气效率、增大发动机的功率，但增压压力过大会引起发动机过热、发生爆燃，从而引起发动机故障。（　　）

（16）汽油泵设置单向阀可使发动机熄火后油路内燃油仍保持一定压力，减少气阻现象，便于发动机再起动。（　　）

（17）缸内直喷汽油机在做功冲程才开始喷油。（　　）

（18）排气管冒黑烟是由机油消耗造成的。（　　）

3. 问答题

（1）简述进气歧管真空度检测的步骤。

（2）画出东风雪铁龙爱丽舍轿车燃油供给系统的结构框图，并说明各组成部分的名称。

（3）汽油机燃料供给系统的功用是什么？

（4）电控燃油喷射系统的总体结构由哪三大部分组成？各有什么功能？

（5）电控单元由哪几部分组成？各有什么作用？

（6）简述发动机排气系统的结构组成。

（7）简述排气净化系统的作用。

（8）简述废气涡轮增压的工作原理。

二、技能考核

拆装空气供给系统项目评分见学习评价表 7-1。

学习评价表 7-1 拆装空气供给系统项目评分

基本信息	姓名		学号		班级		组别	
	规定时间		完成时间		考核日期		总评成绩	
任务工单	序号	步骤		完成情况		标准分	评分	
				完成	未完成			
	1	考核准备：车辆；工具、量具及维修资料				5		
	2	防护用具				5		
	3	断开电源				5		
	4	空气滤清器的拆卸				2.5		
	5	节气门线束插头和节气门体的拆卸				5		
	6	进气温度和压力传感器线束插头的拆卸				2.5		
	7	真空助力管和三通接头的拆卸				2.5		
	8	燃油的泄压及燃油供给管棘轮接头的拆卸				10		
	9	喷油嘴线束插头的拆卸				2.5		
	10	进气歧管的清洁，进气歧管紧固螺栓的拧紧				10		
	11	真空管、节气门的安装				5		
	12	燃油供给管棘轮接头、线束插头的安装				5		
	13	滤清器的安装				5		
	14	拆装顺序合理，工具使用正确、熟练				5		
	15	项目检查齐全、方法正确				5		
	16	清洁及整理				5		
安全						5		
5S						5		
沟通表达						5		
工单填写						5		
合计						100		

拆装燃油供给系统项目评分见学习评价表7-2。

学习评价表7-2 拆装燃油供给系统项目评分

基本信息	姓名		学号		班级		组别	
	规定时间	5 min	完成时间		考核日期		总评成绩	
任务工单	序号	步骤		完成情况		标准分	评分	
				完成	未完成			
	1	考核准备： 车辆； 工具、量具及维修资料				5		
	2	防护用具				5		
	3	断开电源				5		
	4	燃油泄压				10		
	5	节气门体的拆卸				5		
	6	进气歧管的拆卸				10		
	7	喷油器的拆卸和安装				5		
	8	进气歧管的安装				5		
	9	汽油滤清器的更换				10		
	10	汽油泵总成的拆卸				10		
	11	拆装顺序合理，工具使用正确、熟练				5		
	12	项目检查齐全、方法正确				2.5		
	13	清洁及整理				2.5		
安全						5		
5S						5		
沟通表达						5		
工单填写						5		
合计						100		

拆装排气系统项目评分见学习评价表7-3。

学习评价表7-3　拆装排气系统项目评分

基本信息	姓名		学号		班级		组别	
	规定时间	5 min	完成时间		考核日期		总评成绩	
任务工单	序号	步骤		完成情况		标准分	评分	
				完成	未完成			
	1	考核准备：发动机；工具及维修资料				5		
	2	举升车辆，并拆卸发动机底护板				5		
	3	拆卸带有催化转换器的前排气管				5		
	4	拆卸中排气管及后消声器				5		
	5	拆卸管隔热板、氧传感器				5		
	6	拆卸排气总管螺栓及垫片				5		
	7	按与拆卸相反的顺序进行装复				10		
	8	排气总管螺栓预紧顺序及拧紧力矩				10		
	9	安装氧传感器、隔热板，注意拧紧力矩				10		
	10	安装排气管球头螺栓，注意拧紧力矩				10		
	11	安装消声器卡箍螺栓，注意拧紧力矩				5		
	12	项目齐全、方法正确				5		
安全						5		
5S						5		
沟通表达						5		
工单填写						5		
合计						100		

学习评价 8　点火系统结构与拆装

一、理论考核

1. 单项选择题

（1）汽车维修作业时由于电路短路而引起火灾，首先应（　　）。
　　A. 用水扑救　　　　　　　　　　B. 切断电源
　　C. 用布盖住　　　　　　　　　　D. 用干粉灭火剂灭火

（2）汽车正常运转时，向点火系统及其他用电设备供电的是（　　）。
　　A. 蓄电池　　　　　　　　　　　B. 发电机
　　C. 蓄电池和发电机　　　　　　　D. 发动机

（3）发动机起动时，转速变化大，空气流量不稳定，进气量传感器输出的流量信号就不稳定，点火提前角不能准确控制，所以采用（　　）进行控制。
　　A. 实际点火提前角　　　　　　　B. 固定的初始点火提前角
　　C. 进气迟后角　　　　　　　　　D. 排气迟后角

（4）下列关于电子控制点火提前角（ESA）的相关叙述中，正确的是（　　）。
　　A. 点火器控制次级线圈内产生的电压
　　B. 点火器根据发动机 ECU 发出的点火信号（IGT），使点火线圈的初级电流间断地流动
　　C. 当初级电流超过所定值时，点火器向发动机 ECU 输出点火信号（IGT）
　　D. 当火花塞故障发生点火不良时，点火器就不输出点火确认信号（IGF）

（5）下列有关点火正时的相关叙述中，错误的是（　　）。
　　A. 发动机转速增加时，点火正时提前
　　B. 当发动机负荷增大时，点火正时延迟；但当负荷减小时，点火正时提前
　　C. 有两种点火正时控制。一种是机械控制，另一种是发动机电控单元（ECU）控制
　　D. 电子点火提前系统中，检测到爆燃时，点火正时会提前以消除爆燃

（6）点火闭合角主要是通过（　　）加以控制的。
　　A. 通电电流　　B. 通电时间　　C. 通电电压　　D. 通电速度

（7）在装有（　　）系统的发动机上，发生爆燃的可能性增大，更需要采用爆燃控制。
　　A. 废气再循环　　B. 涡轮增压　　C. 可变配气相位　　D. 排气制动

（8）发动机工作时，随冷却液温度升高，爆燃倾向（　　）。

A. 不变　　　　　B. 增大　　　　　C. 减小　　　　　D. 与温度无关

(9) 某气缸点火电压过低，原因可能是（　　）。
　　A. 分高压线损坏　　　　　　　　B. 火花塞间隙小
　　C. 断电器触点弹簧太弱　　　　　D. 分高压线烧断

(10) 发动机工作时，ECU 根据发动机（　　）信号确定最佳闭合角。
　　A. 转速信号　　B. 电源电压　　C. 冷却液温度　　D. A 和 B

(11) 发动机在暖机修正工况下工作时，若冷却液温度较低，则点火提前角应适当（　　）。
　　A. 增大　　　　B. 减小　　　　C. 不应改变

(12) 下列火花塞的相关叙述中，错误的是（　　）。
　　A. 电极耗损后，间隙增大，容易发生缺火现象
　　B. 如果选用的火花塞热值比规定的偏大，电极上容易积炭
　　C. 如果电极温度升得太高，将导致自然点火
　　D. 火花塞热值越大，散热越好

(13) 应用（　　）测量发动机火花塞的间隙。
　　A. 塞尺　　　　B. 专用量规　　　C. 卡尺　　　　D. 百分表

2. 判断题

(1) 最佳点火提前角随发动机转速和负荷的变化而变化。　　　　　　　　　　（　　）
(2) 点火提前角太小或过大会引起发动机过热。　　　　　　　　　　　　　　（　　）
(3) 汽油发动机火花塞两电极间的击穿电压与火花塞间隙、气缸压力、气缸温度等因素有关。　　　　　　　　　　　　　　　　　　　　　　　　　　　　　　　　（　　）
(4) 车用示波器通过与点火系统相连，显示出次级电压的波形，并通过标准点火波形与实际点火波形的对比，来显示点火系统的技术状况和故障情况。　　　　　　（　　）
(5) 电子点火系统经历了带触点电子点火系统、无触点电子点火系统和微机控制点火系统的发展过程。对于无触点电子点火系统，按点火触发信号产生的方式不同，又可分为磁感应式、光电式、电磁振荡式和霍尔效应式。　　　　　　　　　　　　（　　）
(6) 传统点火系统中的点火线圈与电子点火系统中的点火线圈可以互换。　　（　　）
(7) 微机控制点火系统点火提前角的调节仍采用机械离心式和真空式。　　　（　　）
(8) 点火线圈中初级绕组的作用是通过互感产生 15~20 kV 的高压电动势。　（　　）
(9) 火花塞通过将点火线圈产生的高电压转变为火花而点燃油气混合气。　　（　　）
(10) 微机控制点火系统点火提前角的调节仍采用机械离心式和真空式。　　（　　）
(11) 点火过迟会使发动机过热。　　　　　　　　　　　　　　　　　　　　（　　）
(12) 火花塞间隙过小，高压火花变弱。　　　　　　　　　　　　　　　　　（　　）
(13) 当发动机转速增大时，点火提前角应增大。　　　　　　　　　　　　　（　　）

3. 简答题

(1) 简述点火系统的功用。

（2）点火系统都有哪些控制方式？

（3）简述电控点火系统的组成及工作原理。

（4）发动机是如何对爆燃进行控制的？

（5）火花塞的功用是什么？如何选用火花塞？

二、技能考核

点火系统拆装项目评分见学习评价表8-1。

学习评价表8-1　点火系统拆装项目评分

基本信息	姓名		学号		班级		组别	
	规定时间		完成时间		考核日期		总评成绩	
任务工单	序号	步骤	完成情况		标准分	评分		
			完成	未完成				
	1	考核准备： 发动机； 工具及维修资料			5			
	2	断开蓄电池电源			5			
	3	拆卸装饰盖板			5			
	4	拆卸曲轴箱空气通风软管			5			
	5	断开点火线圈卡箍			5			
	6	拆下点火线圈			5			
	7	拆下火花塞			10			
	8	清洗和擦拭火花塞等零部件			10			
	9	按与拆卸相反的顺序进行装复			10			

续表

基本信息	姓名		学号		班级		组别	
	规定时间		完成时间		考核日期		总评成绩	
任务工单	序号	步骤			完成情况		标准分	评分
					完成	未完成		
	10	火花塞安装拧紧力矩					10	
	11	项目齐全、方法正确					5	
	12	清洁及整理					5	
安全							5	
5S							5	
沟通表达							5	
工单填写							5	
合计							100	

学习评价 8 点火系统结构与拆装